Le Livre de Poche Jeunesse

Le prix de la liberté

YVES-MARIE CLÉMENT

Le prix de la liberté

Les mots en italique sont expliqués
dans le glossaire à la fin de l'ouvrage.

Pour Pablo de Combegrand

« La liberté d'un homme est une parcelle de la liberté universelle, vous ne pouvez toucher à l'une sans compromettre l'autre tout à la fois. »

Victor Schoelcher, 1848.

1

La naissance de Kamiar

Vendredi matin. C'était l'heure de la prière.

— Allah est grand !

Le cri d'un nouveau-né répondit à l'appel du muezzin dans ce petit village du Sud marocain...

— C'est un garçon, Aïcha !

De bouche à oreille, la nouvelle courut dans les ruelles perchées au flanc du djebel.

— C'est un garçon !

Le cliquetis des ciseaux et le claquement des métiers à tisser se turent. Devant la maison, les femmes poussèrent des youyous stridents pour prévenir le père : c'était un garçon.

Ahmed sortit de son atelier de mécanique. Il explosa de joie.

— Dieu l'a voulu...

Il était fier, il avait un fils. L'honneur de la famille était sauf. Un mois auparavant, la femme de Mahmoud avait donné une fille à son mari.

Il s'écria :

— Dieu m'a donné un gaillard de fils ! Un héritier !

Il leva les bras au ciel. Dans sept jours, il égorgerait le mouton.

Les maigres troupeaux rentraient du pâturage. Deux enfants couraient en criant derrière les chèvres, ventre bas, qui s'éparpillaient dans les ruelles tortueuses.

— C'est un garçon !

Le vent de sable agita la tenture de l'entrée. Un rayon de soleil pénétra la pièce éclairée par trois lampes à pétrole suspendues aux murs blanchis à la chaux.

— Dieu l'a voulu... Dieu l'a voulu..., répéta la grand-mère assise sur un coussin.

La vieille n'aidait plus aux naissances depuis longtemps, mais sa présence était requise à chaque accouchement. On disait qu'elle avait le pouvoir de chasser le mauvais œil.

— Ses doigts... ? demanda la mère d'une voix faible.

L'accoucheuse posa le bébé sur le ventre douloureux d'Aïcha. Elle ouvrit la petite main, déplia les doigts tremblants, humides.

Le nouveau-né hurla au ciel, refermant son poing instinctivement. La sage-femme grogna, secoua la tête.

Elle semblait hésiter. Son regard croisa celui de la vieille...

— Il sera fort. Il s'occupera de la maison de son père ! grommela-t-elle enfin.

La jeune maman parut soulagée. Elle se mit à pleurer. Elle était heureuse. Elle venait de donner un fils à son mari. Ses prières avaient été entendues...

D'un geste sec, l'accoucheuse trancha le cordon. Puis elle posa le rasoir sur la table et souleva le bébé pour ses premiers soins.

De ses doigts experts, elle remodela le visage déformé par le passage. Elle langea le petit garçon, coiffa ses tempes garnies de cheveux noirs, puis déposa sur son front, sur ses yeux et ses sourcils une goutte d'huile imprégnée de koheul.

La vieille récita les prières de la naissance. Puis elle plaça un Coran dans son berceau.

Le bébé pleurait, criait. Ses jambes se débattaient dans l'air. Cet air qui était trop fort pour lui. Cet air qui irradiait ses poumons depuis seulement quelques secondes...

— Mon fils est bien vivant ! soupira Aïcha, les larmes aux yeux.

L'accoucheuse pouvait désormais s'occuper de la mère.

— Dans trois jours, nous lui donnerons un nom ! fit la vieille.

2

Mains de sable

Les années passèrent. Kamiar, né un vendredi, avait grandi...

Je frotte mes mains pleines de sable sur ma chemise. Je fais toujours le même geste, de haut en bas, comme ça. Des mouvements d'abord lents, qui s'accélèrent ensuite pour chasser la poussière. Chasser la saleté. Mais j'ai beau frotter, de minuscules grains s'incrustent toujours dans la peau. Et il n'y a rien à faire pour les en retirer. C'est grand-mère qui veut que j'aie toujours les mains propres. Mais ce n'est pas facile !

Aujourd'hui, c'est la fête du Tapis. C'est aussi la fête des filles. Elles vont exposer leurs plus beaux ouvrages. Les filles... elles me paraissent tellement plus grandes que moi. Et pourtant, je crois qu'elles n'ont que dix ans. Les plus « vieilles » onze, peut-être.

De riches marchands viennent de tout le pays pour acheter et troquer. Comme d'habitude, ils proposent aux mères d'engager les plus talentueuses dans les ateliers de la ville. Et le village se vide. Des visages disparaissent d'un seul coup. Les jeunes tisserandes ne reviendront que pour les fêtes. Puis elles se marieront, et iront vivre dans la maison de leur mari...

Pour la fête du Tapis, Mahmoud le coiffeur a transformé sa maison en auberge. Des négociants se sont installés chez lui.

Chez Mahmoud, on fume. On boit du thé vert très fort arrosé de fleur d'oranger. On compte des liasses de billets. Au village, on n'a jamais vu autant d'argent à la fois. On rit.

À la maison aussi, on rit. Il n'y a que les femmes et moi. On rit en écoutant les histoires de grand-mère, ou d'une tante. C'est la fête.

Chez Mahmoud, il n'y a que des hommes.

Les gros 4 × 4 s'agglutinent sur la piste à l'entrée du village. La poussière des dunes et de la mer de sel dessine des auréoles luisantes sur les pare-brise.

Ma passion, c'est la mécanique. Depuis que je suis tout petit, j'accompagne mon père à l'atelier. L'atelier, ce n'est pas bien grand, six planches et un toit de tôle, mais ça suffit pour dépanner tout le village et les gens de passage.

Au début, mon père me demandait seulement de le regarder. Je le voyais faire de la mécanique avec tout son corps. Avec ses doigts, avec ses pieds qui tapaient la mesure quand il écoutait le ronronnement d'un moteur. Avec ses mâchoires qui se fermaient quand il resserrait un boulon.

Mon père sent les choses. Les pannes. Il reconnaît le moindre bruit anormal. Il est capable de voir à travers la fonte des moteurs et de dire sans jamais se tromper ce qui ne tourne pas rond. Grand-mère dit qu'il a un sixième sens. Il a une réputation que rien n'a jamais trahie. Tout le monde lui fait confiance dans le pays, même si son garage ne paie pas de mine. Moi, je l'admire.

Aujourd'hui, je suis devenu son ouvrier. J'ai appris beaucoup de choses en le regardant. Si j'avais la force d'un homme, je crois que je serais capable de démonter et remonter le moteur d'une 404 dans la journée.

Ces voitures, à l'entrée du village, elles me font envie. J'aimerais bien voir ce qu'elles ont sous le capot.

Les autres garçons s'en approchent avec hardiesse. Moi, je les regarde de loin. Je n'ai que huit ans. Et je crains la colère de Samir. Samir, c'est le fils du cheikh. Il a été nommé gardien pour l'occasion.

Samir... personne ne t'aime ! Moi non plus, je ne t'aime pas. Tu es fier. Mais tu es le fils du cheikh, alors on te respecte quand même. Je crache par terre. C'est pour toi, Samir !

Depuis l'aube, je m'amuse... Mon père a fermé son atelier.

Il fait frais dans la palmeraie. Je poursuis un criquet aux ailes dorées. Je suis plus fort que lui, plus rapide. Dans un bruit mat, l'insecte fatigué se pose sur le tronc d'un dattier.

Les ciseaux se sont tus dans les petites maisons blanches. Les métiers à tisser ne battent plus la laine aux teintes vives dans l'odeur de la sueur et de la pâte d'ambre. Les femmes et les enfants se sont retrouvés autour des vieilles qui roulent sans relâche la graine de couscous.

Le criquet... Ses ailes me fascinent. Ses ailes, et ce mouvement régulier des pattes arrière. J'avance lentement la main, retenant mon souffle.

Il est au bout de mes doigts. Je suis sur le point de l'attraper.

— Kamiar... *aji !*

L'ordre de ma mère fige mon geste.

Je me relève, frottant ma chemise et courant vers la citerne. Je ramasse le seau d'eau que j'ai abandonné contre la margelle. Je le cale sur ma tête. La lumière danse sur le sable, tamisée par les feuillages des palmiers. Je joue à poser le pied seulement dans les taches d'ombre.

L'année dernière, il y avait des crapauds dans le puits. On a été obligés de descendre pour tous les attraper.

— Kamiar ! Dépêche-toi !

— J'arrive, maman...

Je n'ai pas de sœur, ni de frère. Alors, le matin et le soir, c'est à moi qu'il revient d'aider ma mère. Je vais chercher l'eau, je ramasse la laine dans l'atelier, je surveille les poules et les chèvres, je cueille les dattes et les olives.

Dans la journée, je travaille au garage. Parfois, mon père m'emmène dans le désert. Un camion est tombé en panne. Nous partons à l'aube. Il fait froid. Je ne suis pas tout à fait réveillé. Mais j'aime ça. J'ai l'impression de partir pour un long voyage. De partir pour l'Afrique, sur les traces de l'oncle Miloud. L'Afrique noire me fait rêver. Mon père dit que ce n'est pas un pays pour nous. Là-bas, les hommes ne respectent pas les volontés de Dieu.

J'aime le désert.

Avec tout ça, mon criquet s'est envolé, déployant ses ailes dorées. Il monte très haut dans le ciel. Libre.

Au pied du djebel, un camion soulève un nuage de sable. Le moteur gronde. Mon seau est lourd. Je m'arrête. Le klaxon hurle.

— C'est l'oncle Miloud !

Je reconnais son camion rouge et vert roulant à vive allure. L'oncle Miloud... Il accélère chaque fois qu'il passe devant le village !

Miloud transporte du pétrole, des dattes, des bêtes

et mes rêves de voyages vers l'Afrique noire. Je lui fais un signe de la main.

Peut-être m'a-t-il aperçu.

Miloud, c'est moi ! Un jour je serai grand. Un jour tu m'emmèneras dans ton camion. Nous traverserons ensemble le désert. Tu m'emmèneras dans les campements de nomades, tu me feras connaître l'Afrique noire...

Grand-mère raconte qu'il y a très longtemps, les guerriers de la tribu ramenaient de là-bas des hommes et des femmes qu'ils capturaient au cours de razzias. Ils en faisaient leurs esclaves.

— Kamiar !

Ma mère agite la main.

— Dépêche-toi ! J'ai besoin de l'eau !

Je presse le pas. Je monte le petit sentier creusé par le passage incessant des ânes, des chèvres et des hommes. Ma mère m'attend devant l'entrée.

— Donne-moi ça... et va chercher un sac de farine chez Mahmoud le coiffeur !

Elle me glisse dans la main un de ces vieux billets de cinq dirhams, noir de crasse, usé et chiffonné. J'en fais une boulette que je serre très fort pour ne pas la perdre. Je dévale le sentier. L'auberge se trouve à l'entrée du village, derrière la mosquée. Une autre voix m'interpelle. C'est Mohamed, le muezzin.

— Kamiar ! Quand tu auras le temps, tu viendras chercher des dattes pour ta grand-mère !

Il y a toujours quelque chose à faire... même les jours de fête.

Mohamed balaie le sable devant la porte de la mosquée. C'est un vieil homme, « plus vieux que le monde », dit grand-mère.

J'entre dans l'auberge.

La maison de Mahmoud n'est plus comme d'habitude. Il y a beaucoup de bruit, beaucoup de fumée. Je n'aime pas l'odeur de la cigarette. Des hommes jouent aux échecs. Les bagues brillent à leurs doigts.

Je suis impressionné. Je me sens si petit.

Un gros homme se lève. Aussitôt, c'est le silence. Il passe la main sur ses cheveux fins et luisants. Il m'intimide. Il a l'air de quelqu'un de très important. Encore plus important que le père de Samir.

Son regard se rive dans le mien. Je baisse la tête aussitôt. Un enfant ne doit pas regarder un homme dans les yeux.

Que me veut-il ?

J'ai peur. J'ai comme un pincement au ventre.

— Il ne travaille pas encore, ce jeune garçon ? demande-t-il à Mahmoud.

— Il est encore petit... Mais il aide son père tous les jours, maître Mokhtar... Ce garçon est très doué pour la mécanique. Je l'ai vu de mes propres yeux changer les segments d'un moteur de mobylette en moins de dix minutes ! De mes propres yeux ! N'est-ce pas ?

L'homme me saisit la main. Il l'ouvre. Il écarte mes doigts. Je fais un pas en arrière, mais je ne peux pas lui résister. Ma main s'ouvre malgré moi, découvrant la blancheur de la paume.

— Quel est ton nom ?

Je vais te répondre, gros homme. Ensuite, tu me laisseras tranquille. Les autres se remettront à jouer ou à discuter, je prendrai mon sac de farine et ce sera fini.

— Kamiar...

— Quel âge as-tu ?

Je reste muet. Il s'adresse à Mahmoud :

— Quel âge a-t-il ?

Mahmoud bredouille :

— Il... il va avoir huit ans, maître Mokhtar ! Il est né la même année que ma fille...

Mahmoud semble lui aussi très impressionné par le gros homme. Mahmoud le coiffeur. Je ne l'ai jamais vu comme ça.

L'homme se redresse. La sueur perle à son front. Il s'exclame :

— Alors il faudra un jour que tu travailles ! Et tu seras mécanicien, Kamiar. C'est écrit dans ta main. Quand tu auras quatorze ans, je viendrai te chercher ! Je te confierai à Noureddine. C'est mon chef d'atelier. Il t'apprendra le métier dans mon garage.

Il me donne une tape amicale sur la tête et ajoute à haute voix :

— Mon garage est le meilleur de la ville !

Un éclat de rire collectif ponctue cette dernière parole. Je le regarde maintenant avec un sourire timide. Mahmoud joint les mains et dit :

— C'est un honneur pour la maison de Kamiar, maître Mokhtar... Ahmed, son père, sera fier !

Moi aussi je suis fier. Je suis très fier. La fierté me bombe le torse, me monte le long du cou. Après tout, Mokhtar n'est pas un mauvais homme. Sans doute a-t-il même du bon.

Moi, Kamiar Karaoui, je vais devenir mécanicien dans un vrai garage... en ville. Mais il me reste six ans à attendre. À partir d'aujourd'hui, c'est décidé, je vais compter les jours et les mois.

Ce soir, les tambours ont envahi la place. Les femmes ont fait un brasier avec des troncs de palmier fendus. Assis en tailleur au milieu de l'assemblée, Béchir le conteur raconte l'histoire d'El Zazia, la reine des reines...

Ô feu dense consumant mon cœur !
Ton foyer, je n'ai pu l'éteindre
L'œil déverse des larmes abondantes
Tels des ruisseaux enflés d'eau...

Il est vieux, Béchir. Son visage est sillonné de rides. Ses cheveux sont blancs, presque transparents, plus fins que la soie. Il est tellement vieux que sa voix tremble. Et je ne comprends pas toutes les paroles. Mais cela me plaît beaucoup de l'écouter.

Grand-mère me serre contre elle. Elle m'étouffe presque. Je me sens bien. Je suis dans sa chaleur, dans son parfum. Dans la douceur de ses vêtements. Elle détient le pouvoir de me rassurer complètement.

Mais ce soir, il y a un peu de tristesse dans ses yeux. Elle dit :

— Quand Béchir mourra, il emportera dans la tombe ces milliers de poèmes qui bercent ma mémoire et celle de la tribu. Seuls les oiseaux, en buvant l'eau sur sa pierre, donneront un peu de vie à son âme et à ses chansons.

— Grand-mère... les oiseaux emportent-ils vraiment l'âme des morts vers le paradis ?

— Bien sûr, Kamiar.

Les filles sont belles.

Elles sont venues de Balita, de Midane et de Zoud, pour trouver un mari. Elles portent de lourds bracelets prêtés par leurs mères. À leur front, des tresses de laine multicolore. Je les admire. Je les regarde pencher la tête pour faire briller les pièces d'argent qu'elles portent en parure.

Agite ta chevelure et joue, ô amie,
Fais ce que tu voudras ce soir...
Agite ta chevelure et joue, ô amie,

Et fais-la s'élever encore plus haut !

Je n'écoute plus grand-mère. Je m'endors contre elle, dans la douce tiédeur de son vêtement.

3

La volonté d'Allah

Je viens d'avoir quatorze ans. C'est important, quatorze ans. Un gros morceau d'enfance a soudain basculé derrière moi.

Quatorze ans, je vais bientôt partir.

Je me frotte les mains l'une contre l'autre. C'est l'hiver. Il fait froid dans l'atelier de mécanique de mon père, très froid. Mes doigts me font mal. Ils ne m'obéissent même plus. J'essaie de les bouger, rien à faire. Le tournevis me glisse des mains. Les charbons du démarreur jaillissent de leur logement, poussés par les ressorts qui les maintiennent en place. Ils sont complètement usés. Je vais les remplacer.

Je jette un coup d'œil dehors. Le soleil est bas sur

l'horizon. Ses rayons ne parviennent pas à réchauffer la terre. Le ciel est blanc, presque livide.

Je me sers un verre de thé. La boisson est amère, et le sucre n'y peut rien changer. Je grimace. De temps en temps, pour remplacer celle qui s'est évaporée, mon père ajoute un peu d'eau dans la théière posée en permanence sur le *canoun*. Je mange en vitesse quelques cuillers de fèves bouillies. Elles me paraissent bien fades.

— Ne traîne pas ! me dit mon père. La voiture d'Akbar doit être prête ce soir !

Il souffle dans ses mains, augmente la flamme du Primus et ajoute :

— De mémoire d'homme, il n'a jamais fait aussi froid, Kamiar ! Dieu l'a voulu...

Plusieurs poules sont mortes cette nuit. D'autres ont disparu, sans doute dévorées par la hyène et le chacal. Grand-mère dit que c'est la première fois que cela arrive. Elle a décidé que les animaux rentreraient désormais dormir dans le *dar*. Ça ne plaît pas trop à ma mère.

Je sors pour remettre en place le démarreur. Je soulève le capot. Le métal me colle à la peau.

Un gros 4 × 4 monte la côte de Midelt. Ses roues avant mordent la neige.

— C'est le chef de l'atelier de tissage de maître Mokhtar, Kamiar. Il vient chercher les filles de Nazanine et de Feten.

Le sang me bat les tempes. J'ai froid, mais une bouffée de chaleur me monte le long du cou, jusqu'aux joues.

Bientôt, ce sera mon tour.

Un mois plus tard, un petit mois, ma mère m'apprend que je devrai bientôt partir.

— Mon fils, tu vas me quitter. C'est la volonté d'Allah ! fait-elle.

Je répète :

— La volonté d'Allah...

Tout est écrit. Tout est dit.

Je vais partir. Aller en ville, quitter le petit atelier de mécanique de mon père pour aller travailler dans le garage de maître Mokhtar. Je vais devenir un vrai mécanicien. Je l'ai tellement rêvé. J'ai tellement attendu ce moment. Aujourd'hui il est là, il est arrivé. D'un seul coup. Les six ans ont passé comme un souffle de vent. Et soudain, j'ai peur de partir. Peur de quitter ma famille, mon village. Je ne suis pas prêt...

Dans combien de temps reviendrai-je ?

Reviendrai-je ?

Ma mère cherche à me rassurer :

— Tu verras souvent ton oncle Miloud, Kamiar. La Compagnie El Zahêm fait entretenir son camion au garage de maître Mokhtar. De temps en temps, il te ramènera au village. Tu nous diras des nouvelles de la ville. Ton père a des amis, là-bas...

Ces dernières semaines m'ont paru tellement bonnes, tellement pleines de vie et de bonheur. J'ai profité de toi, grand-mère. Une dernière fois.

Le jour du départ est arrivé.

Grand-mère me remet une bourse contenant quelques billets, des galettes, un sac de couscous, et des affaires de toilette. Je serre tout cela contre ma poitrine. Mon cœur bat fort. Il cogne contre ma main.

Elle ouvre un coffre, et me donne un autre paquet.

— Tu offriras ce cadeau à maître Mokhtar, me dit-elle. Fais attention de ne pas le casser, c'est du sucre.

Je me mords les lèvres, étouffant un sanglot.

Elle m'embrasse sur le front, et me dit :

— Tu es un homme. Tu es l'honneur de la famille, Kamiar. Ne l'oublie pas !

— Je te reverrai, grand-mère ?

Elle ne me répond pas. Elle est très fatiguée.

Je sors de la maison. Une dernière fois, je vois son visage dans l'encadrement de la porte. Je vois les signes gravés dans sa peau, sur le menton, sur les joues. Les traces indélébiles de ses tatouages.

Mon père m'attend à la sortie du village. Il me prend par l'épaule et dit, le ton solennel :

— Mon fils, n'oublie pas : tu as de l'or dans les mains !

Il me serre contre lui et ajoute : « Vas-y ! »

Je parcours à pied la route qui mène jusqu'à la mosquée des Sept Géants. Les tombes couvertes de pierres s'alignent sur le sable. Le jour baisse, allongeant les ombres des plateaux calcaires qui s'étendent à l'horizon.

Je me retrouve seul avec ma nouvelle vie.

Louange à Dieu,
Seigneur des Mondes
celui qui fait miséricorde,
le Miséricordieux,
le Roi du Jour du Jugement.
Dirige-nous dans le droit chemin :
Le chemin de ceux que tu as comblés
de bienfaits

Sur le plateau, un chien m'accompagne en remuant la queue. Un chien jaune. Un sloughi. J'ai envie de lui donner le cône de sucre. Cette idée me fait sourire. Mais je dois respecter la volonté de grand-mère. Ce cadeau est pour maître Mokhtar.

— Je n'ai rien pour toi !

Je me retourne. Le village est devenu minuscule. Lointain. À l'image de mon enfance.

Ma gorge se noue.

Perçant la mince pellicule de neige, une touffe verte ondule sous le vent. Le printemps sera précoce. Le soleil est bas sur l'horizon.

D'un seul coup, tout devient souvenir. Les palmes

des dattiers. Le puits. Les criquets. Le camion de Mahmoud. Le garage de mon père. Les rires des femmes et des enfants dans le village. Ma tête en est pleine. Mais c'est fini.

La route goudronnée fuit vers le nord, en direction des villes. De l'autre côté, elle s'enfonce dans le désert, vers le sable, les dunes blondes soulevées par le vent venu d'Afrique noire.

Il fait froid. Je remonte le pan de mon chèche pour me protéger le visage. De temps en temps, pour tromper la faim, je grignote un petit morceau de *marfusa*.

Tard dans la matinée, l'autocar apparaît à l'horizon, soulevant un nuage de poussière et de neige.

4

Chez maître Mokhtar

Les roues de l'autocar mordent la poussière de sable et de sel de la piste du sud. Je me suis assis juste derrière le chauffeur. Les kilomètres défilent. On s'arrête pour laisser monter une vieille femme et sa chèvre. Plus loin, un groupe d'enfants, cartable sur le dos. Ils ont mon âge, ils vont à l'école.

Je ne suis jamais allé à l'école.

À l'entrée de la ville s'étendent des marchés grouillants de monde. Les klaxons hurlent. Des charrettes tirées par des ânes débordent de courges, de fenouil, de tomates venues des palmeraies du Grand Sud. Là-bas, les légumes poussent en toute saison.

Les immeubles à plusieurs étages alternent avec des maisons qui n'ont jamais fini d'être construites. Des femmes, vêtues de noir ou de blanc de la tête aux pieds traînent de lourds cabas chargés de provisions. C'est à peine si l'on distingue leur visage.

Les minarets dominent chaque quartier. Là, des haut-parleurs aux voix nasillardes remplacent le muezzin. Des chapelets de chaussures s'alignent devant les portes des mosquées. Je n'ai jamais vu autant de fidèles à la fois.

Les roues des voitures soulèvent des nuages de poussière. Les marchands de crêpes et de beignets appellent la foule. Des parfums de miel et de sucre se mêlent aux odeurs des gaz d'échappement. J'ai faim. J'ouvre mon sac et prends une galette d'orge que m'a préparée grand-mère. Je la grignote sans plaisir.

Le chauffeur hoche la tête.

— Tu descends où ? me demande-t-il.

— Au garage de maître Mokhtar.

L'homme rétrograde. Une moto double notre autocar à vive allure. Son moteur pétarade. Un nuage de fumée noire sort du pot d'échappement. Il doit brûler beaucoup d'huile.

— Tu as de la chance, me dit le chauffeur. Moi, je le connais, Mokhtar.

— Ah oui...

— Tu sais, dans la ville, les gens ne se connaissent pas tous.

C'est vrai qu'il y a du monde. Des hommes, des femmes, partout sur les trottoirs. Des passants qui se croisent sans échanger de regard. Ça me fait un peu peur. Est-ce que je pourrai vivre ici ?

L'autocar s'engage dans une rue plus étroite.

— Le voilà, ton garage !

Le garage de maître Mokhtar se situe tout près du centre-ville. Devant un portail, un homme en bleu de travail discute avec un client. Plusieurs voitures en panne sont en attente. Il y a également des mobylettes et des motos. Je me régale d'avance. Ce doit être un vrai garage, tel que je l'avais imaginé, avec un pont, une fosse, des établis pleins d'outils. Cette odeur de graisse et de gasoil dont je ne saurais me passer. À l'extérieur, il y a même une pompe à essence.

Je vais tout d'abord me présenter à maître Mokhtar. C'est l'un des hommes les plus riches de la ville. J'ai vraiment beaucoup de chance. Le chauffeur m'indique l'emplacement de sa villa.

Il est tard. Je me dirige vers le grand portail de la maison du maître. Un gardien en djellaba blanche se précipite vers moi. Il me menace d'un bâton.

— Dégage ! Pas de mendiant ici !

— Je dois me présenter à maître Mokhtar.

Je lui montre le pain de sucre. Il me l'arrache des mains et me demande :

— Qui es-tu ?

— Je m'appelle Kamiar Karaoui, de Midelt. C'est maître Mokhtar lui-même qui m'a fait venir. Il va m'employer comme mécanicien dans son garage.

— Mécanicien ! répète le gardien en éclatant de rire.

Il hurle :

— Noureddine ! De la main-d'œuvre qualifiée pour toi !

Un homme en bleu de travail sort du garage. Il se frotte les mains avec un chiffon.

— Viens par là, toi !

Sa voix est forte. Il porte de grosses moustaches noires qui montent et descendent quand il ouvre la bouche. Il n'a vraiment pas l'air aimable. Il me fait froid dans le dos.

— Quel âge as-tu ?

— Je viens d'avoir quatorze ans...

— Quatorze ans ! s'exclame-t-il.

Il m'inspecte de la tête aux pieds, comme une bête dont on voudrait estimer le poids et la valeur marchande. Je serre mon sac contre moi. Noureddine allume une cigarette et ajoute :

— Qu'est-ce que tu veux que je fasse de toi ?

— C'est... c'est vrai que je ne suis pas épais, mais j'ai... j'ai de l'or dans les mains, dit mon père.

Le premier jour, je me fais le plus petit possible dans un coin du garage. J'observe. Noureddine passe son temps assis à son bureau. Il reçoit les clients, passe les commandes. Il a l'air très grave avec ses lunettes. Il classe des papiers, rédige des factures.

Un autre homme travaille à l'atelier. Il s'appelle Aziz. Il a l'âge de mon oncle Miloud. Parfois, il me fait un clin d'œil. Je le regarde travailler. Il est habile. Ce doit être un bon mécanicien.

À cinq heures du soir, Noureddine range ses lunettes dans leur étui. Il soupire, se lève et enfile sa veste.

— Je vais chez le grossiste, Aziz. Tu lui donneras une assiette de soupe et un matelas ! Il gardera le garage, cette nuit !

Aziz pose son tournevis. Il s'essuie les mains sur un chiffon gras et me dit :

— On ne s'attendait pas à ta visite, Kamiar.

— C'est maître Mokhtar qui m'a fait venir. Il est venu dans mon village quand j'avais huit ans. Il m'a alors promis que je travaillerais dans son garage.

Aziz hoche la tête.

— Tu penses qu'il ne s'en souvient même plus !

— Je ne vais pas pouvoir rester ?

— Hélas si ! Noureddine sera trop heureux de te faire faire le sale boulot !

Ce soir, la soupe est froide. Je la mange seul, enfermé dans le garage. Une petite ampoule diffuse une lumière jaune. Un cafard surgit de sous mon matelas. Dieu l'a voulu...

5

Une ombre noire

Trois mois ont passé.

La nuit va bientôt tomber. La lumière faiblit dans le garage. Les cancrelats sortent des égouts et se répandent dans la ville. Ils sont des centaines à entrer dans le garage. Ils se glissent sous les portes, dans les placards, sur les établis, en quête de nourriture. Rien ne peut les arrêter.

Je baisse les bras, secoue les mains pour les dégourdir. Comme chaque jour, du matin au soir, Noureddine m'a fait laver des pièces de voiture dans un bac rempli de gasoil.

Je n'ai pas encore dévissé un seul écrou depuis que je suis là. Pas touché un seul outil. Pas une minute de mécanique. Noureddine ne me fait pas confiance. Il me donne tout le travail de nettoyage. Quand c'est fini, je balaie l'atelier. Je range les mobylettes, je verse l'huile de vidange dans le *canoun*.

Le garage se trouve à deux pas de la maison de maître Mokhtar. Il donne sur la place du Marché. Deux grands portails coulissants laissent entrer le soleil.

Quand je peux, je me place face à la porte. Alors, je regarde passer les gens. Il y a de belles filles en ville. Elles portent des robes multicolores, des pantalons de jean, des jupes, des chemisiers à fleurs. Certaines sont voilées de la tête aux pieds. Elles ne montrent qu'un œil.

Le jour du poisson, des marchands s'installent en haut d'une estrade en bois pour vendre aux enchères des bassines débordantes de daurades, de mulets et de thons.

Le jour des épices, des parfums agréables entrent par bouffées généreuses dans le garage. Elles se mêlent à l'odeur de la graisse et de l'essence. Muscade, safran, coriandre, paprika, cumin.

Autrement, la rue n'est qu'un passage incessant de voitures et de camions. Bruits, gaz d'échappement envahissent l'atelier. Les gendarmes et les militaires passent souvent devant le garage. Ils sont armés de grosses mitraillettes. Ils connaissent bien Noureddine. Parfois, il les invite à boire le thé.

Nous sommes trois : Noureddine, Aziz et moi. Aziz

est un ouvrier qualifié. Moi, je suis l'apprenti. En fait, je n'apprends pas grand- chose...

La vie pour moi n'est pas drôle. Maître Mokhtar avait promis que j'aurais un salaire. Et puis rien, pas une seule petite pièce !

Quand je lui demande des explications, Noureddine me répond qu'il doit avant tout retenir sur mon salaire mon bleu de travail, le blanchissage, mes repas, et ma pension. Ma pension ! Je dors dans le garage, sur un vieux matelas où grouillent les cafards et les punaises.

L'appel du muezzin rythme mes journées de laveur de pièces. En ville, des haut-parleurs hurlent pour des milliers de croyants une prière enregistrée sur un magnétophone. Elle me paraît tellement lointaine, la mosquée de Midelt. Lointaine, la voix de Mohamed dont l'écho se perd dans le djebel.

Heureusement, depuis quelque temps, Noureddine s'absente de plus en plus souvent. Il se rend chez les clients. Il part parfois plusieurs jours pour se procurer les pièces chez les grossistes. Il achète, il vend des véhicules d'occasion. C'est lui qui essaie les voitures et les motos. On le voit de plus en plus rarement.

Aziz, lui, a les mains enfouies en permanence dans les moteurs. C'est sa passion.

Il jure tout le temps. Noureddine le reprend chaque fois, lui demandant de se taire. Mais rien ne peut arrêter Aziz. On dirait qu'il a besoin de jurer pour travailler. Moi, ça me fait rire... Je l'aime bien, Aziz.

Nettoyer des pièces... « Frotte, Kamiar ! Tout doit ressortir comme neuf ! » Ces mots de Noureddine résonnent à mes oreilles. La graisse et la calamine s'incrustent sous mes ongles, dans ma peau, me brûlent les doigts. Je plonge les carters encrassés dans une bassine d'huile de vidange. Je les frotte ensuite avec une petite brosse métallique. L'odeur de graisse me monte parfois à la gorge. Et les pièces ressortent comme neuves, avec leur éclat mat d'aluminium. Je cache mes mains sous mes aisselles pour les réchauffer, pour chasser la douleur.

Je regrette le petit atelier de mon père. Parfois, je voudrais m'échapper, retourner au village, faire autre chose... garder les moutons comme Omar, le fils de Béchir. Mais on dit qu'il est niais, et qu'il ne peut faire autre chose. J'aurais voulu être niais, comme lui.

Omar est heureux : il dort dehors, sous les étoiles. Pas sur un matelas plein de vermine.

Je regarde mes mains. Elles dégoulinent de gasoil. Elles puent. Elles sont crevassées.

« Dieu l'a voulu. » Tu as vraiment voulu cela, Allah ?

Si mes mains ne servent qu'à cela, comment veux-tu que je devienne un bon mécanicien ?

Je pense à toi, grand-mère. Toi qui dois être fière

de me savoir en ville, dans le garage de maître Mokhtar. Si tu me voyais !

Il y a des clients sympathiques, qui ne sont pas pressés, et qui me laissent toujours une petite pièce. Ça ne va jamais bien loin, mais ça me permet de m'offrir une *blebi* quand j'ai vraiment faim et froid.

Aujourd'hui est un grand jour. Pour la première fois, Aziz et moi sommes invités dans la maison de maître Mokhtar.

Nous avançons vers la grille. Le gardien appuie sur un bouton. Elle s'ouvre automatiquement.

Nous marchons sur des dalles de marbre. Tout est sec dehors, la ville n'est que poussière, et dans le jardin de maître Mokhtar il y a déjà des fleurs.

La maison s'élève sur deux étages. Les murs s'appuient sur des colonnes blanches. Je n'ai jamais vu de palais, mais je pense que ça doit ressembler à ça.

Le gardien nous fait entrer dans une grande salle aux murs carrelés bleus, au sol recouvert de tapis. Il y a des tables basses et des divans plein la pièce, des miroirs et des tableaux sur tous les murs. Une théière en argent plus haute que moi, des coussins de soie.

J'ose à peine m'asseoir.

Une large ouverture donne sur la cour. Au centre, les poissons de marbre d'une fontaine crachent de l'eau par jets saccadés. Le soleil de midi réfléchit ses rayons sur les murs blancs. Un arbre procure de l'ombre. Ce doit être un oranger.

Aziz se penche vers moi et me chuchote :

— C'est le jour de l'aumône, Kamiar... Chaque musulman doit montrer sa générosité et faire la charité aux pauvres.

— C'est pour ça qu'il nous a invités ?

Aziz me regarde avec un sourire ironique et ajoute :

— Oui ! et ce sera la seule fois de l'année. Après cela, le maître aura la conscience tranquille vis-à-vis de Dieu... de son portefeuille et vis-à-vis de nous, les pauvres.

Maître Mokhtar entre dans la pièce. Aziz se tait. Je me redresse sur le divan. Le maître s'apprête à nous verser le thé. Mais il est interrompu par la sonnerie du téléphone.

— Allô !

Il se retourne pour qu'on ne l'écoute pas. Le ton de sa voix baisse. Je tends l'oreille.

— Allah te bénisse, Salim. Oui... Je viens de recevoir les filles que tu m'as envoyées pour l'atelier. Mais je les trouve un peu jeunes. Onze ans ! Elles ne travaillent pas assez vite ! Les commandes augmentent, mon cher. Les grands magasins parisiens et new-yorkais sont très gourmands... Ces filles restent devant les métiers du matin au soir, mais tu te doutes que ce n'est pas suffisant !... Oui, Salim. Et elles sont paresseuses, je ne peux pas tout surveiller. D'autant que je dois partir pour Bouaké, j'ai là-bas un oncle malade.

Bouaké, la Côte-d'Ivoire. Ce nom m'est familier.

C'est l'une des étapes préférées de l'oncle Miloud. Cela me fait drôle d'entendre prononcer ce nom par maître Mokhtar.

Soudain, une porte s'ouvre. Une fille apparaît dans l'entrebâillement. Elle est noire. Toute noire. Elle me regarde avec des yeux très doux. Très grands. Elle est belle. Elle pose sur la table basse un plateau d'argent couvert de gâteaux au miel.

Sans rien dire, elle se retire sur la pointe des pieds.

Maître Mokhtar raccroche le téléphone. Il se tourne vers Aziz. Il lève vers lui sa main dodue aux doigts pleins de bagues et lâche, dédaigneux :

— Retourne au garage avec ton apprenti, Aziz. Les clients attendent !

Aziz s'incline devant lui et dit :

— *Yâ Sidi...* Merci pour ton infinie générosité, ô maître Mokhtar ! Toute la miséricorde de Dieu est sur toi !

Je n'ai même pas mangé un seul gâteau. J'aurais voulu discuter de mon salaire, je n'en ai pas eu l'occasion.

— Il nous a chassés presque comme des malpropres, soupire Aziz.

Il me prend par l'épaule. Je lui demande :

— Qui sont ces filles dont parle le maître ?

— Ce sont les tisserandes. L'atelier se trouve à la sortie de la ville. Tu sais que maître Mokhtar est le plus grand négociant de tapis de ce pays ! Des ministres du monde entier lui passent directement des commandes.

— Il a de la famille en Afrique ?

— Il a de la famille en Europe, en Afrique, aux États-Unis. Partout où des hommes peuvent gagner de l'argent sur le dos des autres.

— Il est tellement riche ?

— Tu ne peux pas imaginer sa richesse !

Aziz joint les mains et ajoute :

— Maître Mokhtar est tout-puissant.

De retour au garage, je pense à cette fille que j'ai vue ce midi. Cette fille aux grands yeux noirs... Elle travaille pour le maître. Servante dans la maison de maître Mokhtar. Une fille noire comme la cendre. Noire comme ces femmes dont parle Miloud quand il rentre d'Afrique. Elle doit avoir mon âge. Peut-être un peu moins. Elle me plaît.

Je veux la revoir. Je veux lui parler.

Le lendemain, à l'heure de la pause, je me rends derrière la maison près d'une grille qui donne sur la cour. De là, j'aperçois la cuisine.

On est à la fin du mois de février. Le temps se radoucit. Je m'assieds sur une marche de pierre, contre le mur blanc. Je regarde en direction de la cuisine. Je vais la voir passer, c'est sûr. J'attends.

Un grincement à peine audible m'alerte. Un épais parfum de benjoin et d'encens m'emplit les narines. Une ombre. Son ombre, légère, hésitante. Une main.

Sa main noire aux doigts longs et fins pousse la porte. Elle porte un seau et une grande bassine bleue.

Elle se dirige vers la *fesguia*. Elle en soulève le couvercle métallique.

Elle ne m'a pas vu.

Elle plonge le seau dans la citerne et donne un coup de fouet avec la corde pour le remplir.

En ville, voilà deux jours que les robinets ne coulent plus. Noureddine affirme qu'une pompe a rendu l'âme. Les coupures d'eau n'épargnent pas non plus maître Mokhtar, l'homme le plus puissant de la ville. Je souris. Mais cela change-t-il quelque chose à sa vie ? C'est une servante qui tire l'eau pour lui.

Je me souviens de tes paroles, grand-mère : « Si un jour tu deviens un homme puissant, Kamiar, n'oublie jamais les gestes simples de la vie. »

Je ne serai jamais un homme puissant, grand-mère, mais je n'oublierai pas pour autant tes conseils.

Je la trouve encore plus belle qu'hier. Elle remplit la bassine machinalement.

— Hé !

Elle se retourne.

Nous nous regardons longtemps. Dans les yeux. Je me place contre la grille qui nous sépare. Je pose mon front contre les barreaux. Je lui fais signe d'approcher.

— Viens !

Elle ne bouge plus, comme pétrifiée.

Je cache mes mains. Elles sont encore noires de cambouis. Je lui demande :

— Tu travailles pour maître Mokhtar ?

— Oui, monsieur. Je travaille pour maître Mokhtar.

Elle parle avec un accent. Elle a du mal à prononcer les mots. Elle m'appelle « monsieur ». Ça me donne envie de rire. Mais je me retiens, je ne voudrais pas la vexer. Je ne la lâche plus du regard. Comme pour la retenir. Mais je sens au fond de moi-même qu'elle est effrayée.

— Je te fais peur ?

— Tu es un fils du maître ? me demande-t-elle.

— Non ! Moi, je travaille au garage. Je suis un spécialiste des moteurs Diesel.

Je mens un peu, bien sûr, mais ce n'est pas grave.

— Mon nom est Kamiar... Et toi, qui es-tu ?

— Aya...

— Aya ?

Je crois apercevoir l'esquisse d'un sourire sur ses lèvres.

— Aya, ça veut dire « vendredi » dans ma langue, le baoulé. Je suis née un vendredi... Mais le maître m'appelle Hafida.

— Pourquoi ?

— Le maître ne veut pas que je dise mon nom. Il dit que mon nom est sale, qu'il n'est pas beau. Alors, je le dis dans ma tête.

J'ai envie qu'elle reste. J'ai envie de lui parler. De lui parler encore.

— Et... et que fais-tu chez maître Mokhtar ?

Aya se retourne pour vérifier que personne ne l'épie. Elle pose son seau et fait plusieurs pas vers moi.

— Tu es un fils du maître ? s'inquiète-t-elle encore.

— Je te dis que non ! Je suis Kamiar Karaoui, de Midelt. Je travaille au garage, là !

Un bruit venu de la maison la fait sursauter. Son visage se referme. Elle file vers la *fesguia*. Moi, je me cache dans la pénombre du mur. Je n'en suis pas sûr, mais je crois que je n'ai pas le droit de me trouver là.

Mon cœur se met à battre plus fort. Je ne bouge plus.

Je me retourne. Elle a disparu. Je crois apercevoir son ombre dans un couloir.

Je reste là de longues minutes à attendre. J'attends. Je crois qu'elle va revenir. Mais la porte ne s'ouvre pas. Aucune ombre ne passe derrière les tentures.

J'attends jusqu'à ce que le soleil se confonde avec les toits plats des maisons.

Je murmure :

— Demain, je reviendrai pour te voir, Aya.

6

Cette petite Négresse

Ce soir, d'énormes nuages noirs s'amassent au-dessus de la ville. Il va pleuvoir. Bienfait de Dieu. Ici, chacun attend ce moment depuis des mois.

Cette année, le désert n'a pas fleuri. L'hiver a été sec et froid. On dit que, là-bas, des centaines de bêtes sont mortes de soif et de faim.

À Midelt, ont-ils souffert de cette sécheresse ? Depuis que je suis en ville, je n'ai reçu aucune nouvelle...

Envoie-nous la pluie, ô Seigneur
Fais pleuvoir, ô Maître !

La lumière faiblit dans le garage.

Aziz est en train de régler la courroie de distribution d'un Toyota. Je lui demande :

— Tu as déjà vu la fille chez maître Mokhtar ?

— La Zimbabwe ? Bien sûr.

— Zimbabwe ? Qu'est-ce que ça veut dire ?

— Ici, c'est le nom qu'on donne aux Nègres, Kamiar. Tu ne sais pas ça ?

Je ne lui réponds pas, de peur de paraître idiot. Je m'étonne :

— Je ne l'avais encore jamais vue.

— Attends ! C'est normal. Elle ne sort pas de la maison.

— Pourquoi cela ?

— Je te dis que c'est une Zimbabwe, Kamiar. Une Négresse. Si le maître la laisse sortir, elle ne retrouvera pas sa route ! Ou elle en profitera pour s'enfuir... En plus, elle n'a sûrement pas de papiers. La police l'arrêtera, elle ira en prison... et je te passe la suite.

Aziz baisse le ton et ajoute avec un grand sourire :

— On dit que maître Mokhtar a des prétentions sur cette petite Négresse. C'est vrai qu'elle est mignonne. Mais c'est une gamine de treize ans ! Et maître Mokhtar oublie que sa Nazanine est très jalouse. Elle serait capable de la tuer !

Tout se bouscule dans ma tête. Aya enfermée dans la maison du maître. Prisonnière ! Depuis combien de temps ?

Soudain, je réalise que moi non plus je ne suis jamais allé en ville. Je ne me suis jamais aventuré au-delà des portes du marché. Les grandes rues, la circulation, la foule des gens pressés ne sont pas faits pour moi. Les vitrines où tout brille, les grands magasins. Cela me fait envie, bien sûr. Mais je n'ose pas dépasser le pourtour de la place. C'est comme si une main m'arrêtait, m'interdisant d'aller plus loin. Pourquoi ?

Ne suis-je pas libre ? Libre d'aller, de venir ? Aya, elle, ne peut même pas franchir la grille de l'entrée.

— Comment sa famille peut-elle admettre qu'Aya soit ainsi privée de liberté ?

— La famille de cette Zimbabwe habite en Afrique, là-bas ! me répond Aziz en montrant la direction du sud. Maître Mokhtar a de la famille dans sa ville. Il s'y rend parfois, pour les affaires. C'est là qu'il l'a trouvée.

— À Bouaké ?

— Je crois, oui. Un nom comme ça. Un pays où c'est la misère. Où les gens meurent de faim. Le cousin de Mokhtar s'appelle Amin.

Aziz donne un tour de clé et ajoute d'un ton moqueur :

— Il est peut-être le père de cette fille ! Dans sa clémence, le maître l'a achetée à ses parents pour la prendre à son service. En quelque sorte, il l'a sauvée de la misère. Mokhtar est son ange gardien, son protecteur.

— Je ne te crois pas, Aziz... Les hommes ne s'achètent pas !

— Attends ! Ce que je te dis est la vérité, Kamiar. Je me souviens quand il est revenu d'Afrique avec cette fille. Elle était grande comme ça.

Aziz place la main à hauteur de sa hanche. Il continue :

— Il a acheté cette fille pour remplacer une autre servante qu'il venait d'offrir à un de ses meilleurs clients français. Si tu ne me crois pas, Kamiar, demande donc à maître Mokhtar. Lui te dira combien coûte une Zimbabwe !

Combien coûte une Zimbabwe. Je hais ce nom.

— Fais pas cette tête-là, Kamiar. Allez, ce soir, je t'invite à manger ! me lance Aziz. Je connais une petite gargote où le couscous est délicieux... et les serveuses très jolies !

Depuis quinze jours, le hammam est fermé.

Dans le fond du garage, une douche a été aménagée près des W.-C. C'est une bassine maintenue en équilibre sur deux planches d'où sort un simple tuyau de caoutchouc.

Je me lave le premier. L'eau est glacée. Je frissonne. Je serre les dents. Le savon ne fait pas beaucoup de mousse. Mais son parfum rafraîchit. Je ferme les yeux. Je m'efforce d'oublier le garage. J'imagine que je suis ailleurs. Très loin d'ici. Dans le désert, peut-être. Ou à Midelt, près des miens.

J'enfile une chemise et un pantalon propres.

Le lendemain et le surlendemain, Aya m'a encore demandé si j'étais un fils du maître. Elle a très peur. Très peur de me parler, de se confier. Moi, je lui ai raconté la vie dans le village, mon travail au garage. Je lui ai parlé de grand-mère. J'ai inventé des tas de choses pour essayer de la distraire. Mais je n'ai pas osé lui raconter ma conversation avec Aziz.

Chaque soir, elle me demande du pain. Elle a faim. Elle me dit que Nazanine ne lui donne que les déchets de ses repas. Parfois, elle est punie. Elle reste alors trois jours sans manger...

Pendant plusieurs semaines, je ne l'ai pas revue. Je l'ai attendue, près de la grille. J'ai observé la porte de la cuisine.

Personne. Pas même son ombre. J'ai imaginé des tas de choses. Qu'elle était repartie, qu'elle me trouvait détestable parce que j'étais différent d'elle. Parce que j'étais de la race de Mokhtar, de sa femme et de ses fils.

J'ai crié très fort dans ma tête pour qu'elle revienne. Pour qu'elle me revienne. Pour qu'elle m'apparaisse, seulement une ou deux secondes à la fenêtre. Juste pour me dire qu'elle était encore là.

Un soir, elle est revenue me voir...

Elle avait maigri. Elle avait à peine la force de marcher. Une fièvre terrible l'avait terrassée durant plusieurs jours. Une fièvre attrapée dans son pays quand elle était petite, et qui revenait parfois, comme un véritable cauchemar.

7

Un mois a passé

Un mois a passé.

Aya est restée longtemps sans sortir de la maison. Aziz affirme que la fièvre a bien failli la tuer. Depuis quelques jours, elle a repris ses activités quotidiennes. Ses accès de fièvre se sont estompés. Mais sa maladie l'a affaiblie. Ses joues se sont creusées et ses yeux me paraissent plus noirs encore.

Le temps s'est radouci. Nous nous voyons presque tous les jours. Quelques minutes, entre deux tâches. Aya commence à se confier, à me parler de son pays qu'elle a quitté à l'âge de huit ans. À me parler du jour où *il* est venu la chercher.

Un matin, maître Mokhtar est entré dans sa maison. Il a expliqué à Komélé, sa mère, qu'il allait emmener

Aya dans son pays, pour qu'elle reçoive une éducation, qu'elle aille à l'école, qu'elle apprenne à lire et à écrire. En compensation, il lui a remis une liasse de billets neufs.

La mère a vendu sa fille.

Les hommes s'achètent comme de la marchandise. Aziz avait donc raison.

Aya est entrée un soir d'été dans la maison de Mokhtar. Cela va faire cinq ans. Depuis, elle n'a plus jamais franchi cette grille qui donne sur la rue !

Depuis l'âge de huit ans, elle vit enfermée dans ce palais. De cinq heures du matin jusqu'à la nuit tombée, elle lave, essuie, frotte, tire l'eau du puits, prépare le repas pour ses maîtres qui lui donnent à manger par terre, comme à une chienne. Dans une gamelle de chien...

Maître Mokhtar lui a volé son enfance...

Il y a des fleurs qui poussent au pied du mur du garage. De petites fleurs bleues, minuscules, sorties de la poussière. J'en ai cueilli une que j'ai posée sur mon établi. Ses pétales sont déjà flétris. Elle était pourtant si belle...

Noureddine est parti depuis trois jours. Je crois qu'il revient demain. Aziz dit qu'il doit négocier une importante cargaison de pièces détachées. Maître Mokhtar aurait l'intention d'ouvrir un grand magasin dans la rue principale.

Aujourd'hui, j'ai nettoyé la pompe à huile d'une

camionnette. Il m'a fallu la démonter entièrement et la remonter. J'ai bien vu qu'Aziz m'observait. Il avait l'air impressionné.

— Tu te débrouilles ! m'a-t-il dit enfin.

— C'est facile, Aziz. C'est un modèle que je connais bien...

— Attends ! Si Noureddine savait, il accepterait sûrement que tu touches à la mécanique. Surtout qu'en ce moment, on est débordés de travail !

Je pense au village, à l'atelier, à mon père qui m'a tout appris. Depuis que je suis en ville, je n'ai jamais reçu de nouvelles. Pourquoi ? Ma gorge se serre. Est-il arrivé un malheur, là-bas ? Parfois, je me sens tellement seul... Les miens me manquent.

Mon père, écris-moi au moins une lettre !

Dans la rue, c'est la fête. Un mariage traverse le marché, accompagné de youyous, de prières et de chants.

Le jour d'aujourd'hui est un jour de bonheur
C'est comme le jour de la Fête.
Le jour d'aujourd'hui est un jour béni
Quel jour béni entre tous !

Les tambourinaires referment la procession. C'est un mariage presque comme au village. Avec plus de monde, peut-être. Mais les rires sont les mêmes, la joie pareille.

Mes yeux restent rivés sur la pendule du garage.

Dix-huit heures.

— Tu peux y aller ! me lance Aziz. Je vais fermer le garage et rejoindre ce mariage. J'ai envie de faire la fête, moi aussi.

Ce soir, Aya est assise sur une marche devant la porte de la cuisine. Elle mange des restes de couscous et rogne des os de poulet dans sa gamelle métallique.

— Aya !

Elle pose l'assiette et me rejoint. Je lui prends la main à travers la grille. C'est la première fois que je lui prends la main. Je la garde longtemps dans la mienne. Elle est chaude, elle est douce. Mon cœur bat très fort.

Il se met à pleuvoir.

L'eau dégouline sur son visage. Dans son cou. Sur ses lèvres. Elle sourit, dévoilant deux rangées de dents parfaitement blanches. Ses joues font deux petites bosses. Mes doigts tremblent.

La main d'Aya se rétracte. Je la serre un peu plus fort. Je ne veux plus qu'elle me quitte.

Aya hoche la tête. Ses paupières se referment. Son sourire s'efface. Elle chuchote :

— Ne me touche pas ! Je suis sale !

— Pourquoi dis-tu cela ?

— C'est maître Mokhtar qui le dit. Et Nazanine. Et les enfants du maître...

C'est comme un coup de couteau dans le cœur.

— Mais... mais pourquoi ?

— Le maître et ses enfants disent que je suis née

plus sale qu'une truie. Et Nazanine me répète : « Hafida, ta peau est noire de crasse ! »

Elle regarde mes doigts et ajoute :

— Toi, ta peau est dorée de soleil.

Silence. Silence pesant. Aya ne me regarde plus. Ma main n'a pas lâché la sienne. Elle baisse la tête. Ses yeux doivent être tournés vers l'intérieur. Là où ça fait mal. Là où l'on ne comprend pas toujours les choses, ce qui se passe.

Je me rappelle les paroles d'Aziz : « On dit que maître Mokhtar a des prétentions sur cette petite Négresse. »

— Maître Mokhtar... lui aussi... te prend la main ?

Le regard d'Aya est rempli de terreur comme si je venais de réveiller un cauchemar. Sa voix tremble, s'élève :

— Le maître me bat tout le temps. Il me dit : « Agenouille-toi, sale chienne ! » Et il me donne des coups avec une ceinture. Une ceinture qui ne sert qu'à ça. Des coups de fouet. Puis il passe sa main dans mes cheveux, sur mes épaules. Et ses mains descendent sur moi. Je suis terrorisée. Il me touche avec ses doigts... en disant que c'est pour me consoler. Sa peau me fait mal. J'ai envie de vomir. J'ai envie de le tuer.

Une larme coule dans ses yeux, se glisse parmi les gouttes d'eau qui ruissellent sur son visage. Aya m'a ouvert son cœur. La douleur s'épanche. Elle murmure :

— Je veux mourir.
Allah, c'est toi qui as voulu cela ?
Aya, je voudrais prendre toute ta douleur.

Des Blancs sort le prestige
Des Noirs sort une noirceur
Aussi vile que celle de la marmite !

8

Grand-mère, où es-tu ?

Je compte les fois où je ne te vois pas. Où Nazanine te retient pour te faire travailler encore et encore. Je compte les soirs où tu ne fais que passer dans les couloirs. Où ton ombre défile derrière les moucharabiehs. Ton ombre noire, ton ombre que j'aime, presque invisible.

Aya... Maître Mokhtar t'a achetée à ta famille. Comme un objet. Comme un vulgaire tapis. Maître Mokhtar le plus grand négociant du pays achète des enfants et les traite pire que des animaux. Aya... Moi, je n'ai que mon pauvre cœur et mes mains vides à offrir en échange de ta liberté.

Un soir, je m'assieds sur une marche, près de la grille. Le soleil dessine une auréole rouge au-dessus de la ville. La ville m'étouffe. Ses maisons se dressent autour de moi comme les murs d'une prison.

Aya n'est pas là.

J'ai un pressentiment.

Un bruit de chaise. Je tends l'oreille. Une voix de femme. C'est Nazanine. Elle a l'air très en colère. Une furie. J'entends un bruit mat. Un cri de douleur. Je m'écrie :

— Aya !

Je tressaille.

— Qu'est-ce que tu as fait de ma robe ? Elle est froissée ! Prends ça ! Prends ça !

Les coups pleuvent de plus belle.

— Qu'as-tu fait, sale Négresse ?

Les hurlements de douleur et de terreur redoublent. Je suis paralysé. Je ne peux pas regarder.

— Tiens, chienne galeuse !

Le dos au mur. Je me bouche les oreilles. Je ne respire plus, atterré. Les coups pleuvent dans ma tête.

Je retourne à l'atelier. Impossible de me remettre au travail. Mes doigts tremblent, refusant de m'obéir.

La douleur et la rage grondent en moi. J'ai envie de tout casser. De tout foutre en l'air !

Je ne dors pas de la nuit. Ma fureur est trop vive. Les hurlements d'Aya me transpercent les oreilles. La haine me prend le ventre, me serre le cœur. Mes mains se crispent. Pourquoi cette femme l'a-t-elle frappée ?

Pourquoi tant de méchanceté et de brutalité ? Je ne comprends pas.

Au village, personne n'a jamais levé la main sur un enfant. Seul le *meddeb* possède une baguette. Mais il ne l'a jamais utilisée.

Nazanine, je déteste ton nom. Et je te déteste sans même te connaître.

Et moi... moi, Kamiar Karaoui ! Je suis resté caché contre ce mur, comme un peureux. Sans rien dire. Silencieux. Maintenant, j'ai honte. Grand-mère, pourquoi ne m'as-tu pas guidé ?

Je ferme les yeux. Les jours de mon enfance me reviennent, douceur et innocence. Je voudrais revenir en arrière. Aujourd'hui, j'ai un goût d'amertume dans le cœur.

Grand-mère, où es-tu ? J'ai tant besoin de toi !

Le lendemain, alors que je balaie le garage, Aziz se dirige vers moi avec un carburateur de camionnette dans les mains.

— La cuve pisse l'essence, Kamiar. J'ai monté de nouveaux joints, mais ça n'a rien changé. Je suis très occupé, et Noureddine a dit que tu pourrais réparer ça pour moi !

Je n'en reviens pas. C'est la première fois que Noureddine me confie un travail. Un vrai travail. Pourquoi cela ? Cherche-t-il donc à me tester ? Aziz lui a certainement parlé de la pompe à huile.

— Merci, Aziz.

J'ajoute à voix basse :

— Peut-être qu'enfin, je vais être payé.

— Le chef est un malin ! me rétorque Aziz. Je suis passé par là, tu sais. Patience ! Ton jour viendra...

Il me fait un clin d'œil...

— J'aurai peut-être bientôt de bonnes nouvelles pour nous deux, tu sais !

De quoi veut-il parler ?

Je jette un coup d'œil sur le carburateur. Je le tourne et le retourne entre mes doigts. Il n'est pas tout jeune, mais une fois nettoyé, il paraîtra comme neuf. Je soulève le flotteur en aluminium et l'observe à la lueur de la lampe. Il est légèrement déformé. Une petite bosse à peine visible. Je le replace dans son logement et remplis lentement la cuve d'essence.

Soudain, le flotteur se bloque contre la paroi du carburateur. L'essence continue d'affluer et déborde de la cuve. Je souris, j'ai compris la panne.

Je me lave les mains et prends un tournevis sur un établi.

Mais les paroles déchirantes de Nazanine me reviennent. Je songe à Aya. Aux coups sourds assenés sur sa peau noire. Et mon cœur se remplit de nouveau de tristesse.

9

L'oncle Miloud

Le printemps est là. Il fait bon.

Les filles sont de plus en plus belles avec leurs vêtements fleuris de mille couleurs, leurs cheveux noirs et brillants qui flottent sur leurs épaules. Elles passent dans la rue, se rendent au marché un panier à la main. Elles rient au retour du soleil. Je baisse les yeux quand elles regardent dans ma direction. Elles me rendent confus, je ne sais pas trop pourquoi. Tout ce que je sais, c'est qu'elles ne me font pas oublier Aya. Aya, c'est elle que j'aime.

Je crois qu'Aziz a une fiancée. Il n'est plus le même. Il regarde tout le temps sa montre. Et le soir, avant de quitter le garage, il se lave et enfile des vêtements propres.

Moi, cela fait dix jours que je n'ai pas revu Aya.

J'ai peur. Peur qu'il lui soit arrivé malheur. Maître Mokhtar est reparti en Afrique.

Et si Nazanine t'avait battue à mort ?

Chaque soir, après le travail, je reviens près de la grille. J'attends.

Ce matin, un camion rouge et vert surgit dans la rue principale. C'est Miloud ! L'oncle Miloud !

Il stationne devant la pompe à gasoil. Il coupe le moteur, ouvre la portière et saute sur la route. Il porte un chèche sur la tête, des lunettes de soleil. Ses vêtements sont rouges de la poussière du désert.

Je me précipite vers lui. Il me prend dans ses bras, m'embrasse et me dit :

— Tu as changé, Kamiar. Tu es devenu un homme ! Dieu soit loué !

— Tu connais ce garçon ? s'étonne Noureddine en sortant du garage.

— C'est mon neveu !

— Attends ! Je ne savais pas ! Il ne m'a rien dit !

L'oncle Miloud me lâche. Il se dirige vers Noureddine les poings fermés, sourcils froncés.

— Pourquoi dis-tu cela, Noureddine ? Tu ne l'as pas encore payé, je parie ?

L'oncle Miloud a deviné. Il connaît sûrement ce filou de Noureddine. Je me sens soudain fort. Noureddine hoche la tête. Il passe la main sur ses moustaches.

— Je... je ne pouvais pas savoir, Miloud mon frère...

Je gardais son argent... pour ne pas qu'il le dépense ou qu'il le perde...

Noureddine sort un portefeuille de la poche de sa veste. Il me tend une liasse de billets. Je les glisse dans ma poche.

— Tu as reçu les lettres de ton père, au moins ? s'inquiète Miloud.

— Non ! Je n'ai rien reçu !

— Donne-lui aussi son courrier, Noureddine !

Ce dernier hésite. Puis il ouvre un coffre et en sort un paquet de lettres attachées avec un élastique.

— J'allais les lui remettre, Miloud. Je n'ai ces lettres que depuis une semaine...

Les enveloppes sont rongées par les cafards qui pullulent dans le garage.

— Il faut me comprendre, Miloud. C'est Mokhtar qui reçoit notre courrier... C'est lui qui décide des salaires...

Miloud ne l'écoute même pas. Il me prend par l'épaule et dit :

— Ta grand-mère est morte, Kamiar. Le lendemain de ton départ. Et Béchir le conteur l'a suivie de près dans la tombe. Dieu l'a voulu... C'est ce que disent les lettres.

Grand-mère est morte. Ma main tremble. Morte ! Et je ne l'ai pas vue mourir. Ce n'est pas vrai. Ce n'est pas possible. Je fixe Miloud dans le blanc des yeux.

— Grand-mère...

Une profonde douleur m'envahit.

Les souvenirs me reviennent par bouffées. Grand-mère. Je suis serré contre toi. Il fait froid dehors. Les troncs de palmier rougeoient dans le brasier. Béchir chante la vie d'El Zazia, la reine des reines...

Ô feu dense consumant mon cœur !
Ton foyer, je n'ai pu l'éteindre
L'œil déverse des larmes abondantes
Tels des ruisseaux enflés d'eau...

Je ne dois pas pleurer. Je suis un homme. Un homme ne pleure pas.

Grand-mère, quand je te parlais dans mes rêves, je te sentais si proche. Étaient-ce les oiseaux qui m'apportaient un peu de ton âme ? Grand-mère, tu es morte. Laisse-moi pleurer à l'intérieur.

« Ta vie sera plus douce à l'ombre et au repos
À l'ombre d'un dattier,
dans les jardins de Dieu
Ta vie sera plus douce,
ta mort est arrivée...
Ta vie sera plus douce à l'ombre et au repos »

Miloud défait son chèche. Il sort son carnet de bord de la poche de sa veste et s'installe à un établi pour le mettre à jour pendant qu'Aziz remplit les réservoirs du camion.

— Ton père voudrait que tu rentres au village, Kamiar. Ils vont construire une nouvelle route qui passera près de Midelt. Le gouvernement va aussi bâtir des maisons pour sédentariser les nomades.

— Sédentariser les nomades ?

— Oui... Les bédouins sont de plus en plus attirés par la ville. Le commerce caravanier ne leur permet plus de vivre décemment. Bientôt, à Midelt, il y aura beaucoup de passage et beaucoup de travail pour toi. Ton père a déjà agrandi l'atelier.

L'orage éclate.

Une averse torrentielle s'abat sur la ville. Le tonnerre gronde. Les rigoles se forment déjà sur les trottoirs. Elles sont ocre de poussières et de sable.

L'ombre d'Aya se profile dans ma tête. Jamais je ne pourrai la quitter ! J'ai besoin d'elle. J'ai besoin de la sentir près de moi. Elle est ma vie.

— Tu crois peut-être que plus rien ne me retient ici, oncle Miloud ?

— Plus rien. Je repars vers le sud dans trois semaines. Si tu veux, je t'emmènerai avec moi et je te déposerai au village. En attendant, je crois que Noureddine prendra bien soin de toi. N'est-ce pas ?

Noureddine acquiesce d'un grand hochement de la tête.

Je le regarde droit dans les yeux. Il n'a plus sa fierté.

J'ai presque pitié de lui. Depuis le début, il a profité de moi. Il a essayé de m'escroquer, il m'a confisqué mes lettres, les nouvelles du village, la mort de grand-mère, ma vie ! Et aujourd'hui, il s'incline devant Miloud. Miloud le fort.

Noureddine retourne à son travail. Je plonge les mains dans le moteur d'un 4 × 4, feignant d'être très affairé. Miloud hoche la tête et lâche :

— Sans doute comptait-il dénicher un billet dans l'une de ces enveloppes ! Je n'ai jamais eu confiance en lui.

Noureddine, tu ne vaux pas mieux que maître Mokhtar. Tu es de ceux qui aiment l'argent au lieu d'aimer les hommes.

10

Un vieil homme noir

— Change-toi, Kamiar ! Ce soir, nous sortons ! s'exclame Miloud en me tapant sur l'épaule.

— Tu connais bien la ville ?

— J'y ai travaillé de longues années avant de devenir chauffeur. J'ai fait tous les métiers. Même arracheur de dents !

Je me sens bien avec Miloud.

Il m'entraîne à travers la foule. Des hommes en costume sortent des bureaux. Ils ont l'air très préoccupés. Ils sentent le parfum. Leurs cheveux sont coiffés de façon impeccable. Ils portent presque tous des moustaches, comme Noureddine.

La nuit, la ville brille de mille lumières. Des

enseignes vertes, les phares des voitures. Les vitrines éclairées des magasins.

Le bruit m'étourdit. Musiques assourdissantes, klaxons, moteurs, disputes entre chauffeurs. C'est ça la ville...

Un vieil homme noir traverse la route devant moi. Il est courbé sur une canne de noyer. Il porte un fez sur la tête. Ses cheveux sont blancs. Sa barbe est blanche. Il me regarde droit dans les yeux.

— Je connais cet homme, Kamiar. Il s'appelle Barka ! Barka la chance ! Barka, le plus vieil habitant de cette ville... On dit qu'il a toujours vécu là. On raconte aussi que son souffle et son regard protègent du mauvais œil.

Nous entrons dans un café. Il n'y a que des hommes. Tout le monde fume. Brunes égyptiennes, blondes américaines, pipes de kif. Un nuage de fumée plane au-dessus des têtes. Je tousse. On me regarde. Des regards accusateurs. Je suis trop jeune pour entrer ici.

Le thé vert à la menthe coule en bouillonnant dans les petits verres décorés. Dans le fond de la pièce, un petit poste de télévision hurle les résultats de la Coupe de football.

— Encore trois semaines, Kamiar, et tu retrouveras le village ! Tu sais, je connais bien ce brigand de Mokhtar et ce voyou de Noureddine. Ce sont des canailles. J'avais prévenu ton père. Je lui avais dit de ne pas te laisser partir. Mais Ahmed mon frère était trop fier à l'idée que tu ailles travailler en ville pour le compte d'un riche marchand. Moi, je crois que tu aurais mieux fait de rester avec lui. Il t'aurait appris plus de choses !

— Mais toi, Miloud, tu travailles également pour maître Mokhtar... non ?

— Non ! Moi, je suis libre, Kamiar ! Je n'ai pas de maître ! Je suis libre comme le vent ! Libre comme un cheval ! Un jour, je resterai là-bas, en Afrique noire.

Le garçon nous apporte une grande bouteille de Seven Up. Miloud me sert. La limonade pétille dans les verres. Trois hommes s'installent à la table voisine. Ce sont des habitués. Le patron leur apporte une boîte de dominos.

— Il y a une fille, chez maître Mokhtar. Une fille noire. Elle s'appelle Aya...

— C'est une Baoulé. Aya... cela veut dire vendredi dans sa langue ! Sans doute est-elle née un vendredi... Comme toi.

— Moi... moi aussi je suis né un vendredi ?

— Eh oui... je m'en souviens. Mais au fait, je pense que je connais la famille de cette fille.

— Comment ?

— Son père travaille pour un cousin de Mokhtar, un certain Amin, une sorte de vieillard répugnant, un exploiteur de première catégorie.

Miloud allume une cigarette. La flamme du briquet

à essence danse dans ses pupilles. Il pense à l'Afrique noire. Au pays d'Aya. Il tire une longue bouffée. Ses joues se creusent.

Je demande :

— Tu crois qu'elle retournera un jour chez elle ?

— Oui ! Bien sûr qu'elle retournera chez elle ! Le jour où elle sera devenue folle et inutile, et que ce salaud de Mokhtar lui aura fait autant d'enfants qu'Amin à sa pauvre mère ! Le monde est fait comme ça, Kamiar. Certains hommes sont nés pour commander, et d'autres pour servir.

La fumée me pique les yeux, m'irrite la gorge. J'avale une gorgée de limonade. Je soupire...

— Si sa mère ne l'avait pas vendue, elle n'en serait pas là...

— Tu ne dois pas parler comme ça. Quand sa mère l'a vendue, elle a cru bien faire. Elle a pensé qu'Aya vivrait dans de meilleures conditions chez Mokhtar, qu'elle irait à l'école, qu'elle apprendrait à lire et à écrire pour devenir quelqu'un. Un riche négociant ! Tu te rends compte ? Le plus riche marchand de la ville ! Un homme qui inspire la confiance et le respect ! Et puis on ne peut rien changer au passé. Ce qui est fait est fait. Dieu l'a voulu ainsi !

— Mais il y a des lois...

— Bien sûr qu'il y a des lois. Bien sûr que cette forme de servitude est interdite... Mais tu apprendras qu'il est plus facile d'écrire des lois que de les appliquer. Et Mokhtar est très influent.

Une lueur pétille dans le regard de Miloud.

— Dis-moi, tu ne serais pas amoureux, toi ?

Je plonge la tête vers la table. Je crois que je deviens tout rouge. Une idée me vient à l'esprit.

— Mais toi, tu pourrais la ramener dans son village !

Miloud se passe la main dans les cheveux, tire une généreuse bouffée de cigarette...

— Tu ne connais pas l'Afrique ! Cette fille n'a pas de papiers, pas d'identité. C'est une clandestine. Comment passerait-elle les frontières ? Je me ferais arrêter par les gendarmes ou par les douaniers. Et je risquerais la prison !

— Tu pourrais la cacher dans ton chargement... Je te donnerai l'argent que Noureddine m'a remis pour acheter le silence des gendarmes, et...

Miloud lève les mains au ciel. Un sourire se dessine sur son visage. À la table d'à côté, les dominos claquent, les rires fusent.

— Ne rêve pas. C'est trop dangereux ! Cette fille est la servante de Mokhtar. Tel est son destin !

— On ne peut rien changer au destin ?

— Hum... Tu vas sauver cette fille, il ira en chercher une autre, Kamiar. Tu me comprends ?

— Oui...

Miloud sourit. Il me donne une tape amicale sur le

dos de la main. Sans doute me comprend-il, lui aussi. Mais ce n'est pas suffisant. Sans son aide, je ne pourrai jamais délivrer Aya.

— Si Dieu le veut, elle retrouvera sa liberté.

Moi, je veux changer le destin. Le destin d'Aya. Je veux la sauver des griffes de cet homme. Je la ramènerai chez elle... et puis je reviendrai au village.

11

Le voyage

Trois semaines ont passé.

J'ai revu Aya. Elle a beaucoup changé. Son visage s'est creusé. De nouveau, la fièvre l'a terrassée plusieurs jours. Elle a bien cru mourir. Je lui ai dit que j'allais partir. Quitter la ville, quitter le garage de Mokhtar. Je lui ai dit que je voulais l'emmener.

Chaque jour, j'attends le camion de Miloud. Je voudrais le convaincre d'emmener Aya. Je suis sûr qu'il y a un moyen.

Ce matin, Aziz entre dans le garage avec un air gai.

Ses yeux ont un éclat inhabituel. Comme s'il n'avait pas dormi de la nuit. Comme s'il avait fait la fête jusqu'à l'aube.

— Je suis le chef ! Je suis le chef ! Il a crié de joie.

Il me saisit par les épaules et me soulève du sol.

— Noureddine va ouvrir un magasin de pièces détachées sur la zone industrielle, Kamiar... Sais-tu ce que ça veut dire ?

— Non.

— Ça veut dire que c'est moi qui le remplace, Kamiar. Tu entends ? Aziz devient le chef mécanicien du garage de maître Mokhtar. Et toi, tu deviens mon ouvrier qualifié.

Je hoche la tête.

— Non, Aziz. Je ne serai pas ton ouvrier !

Aziz s'est arrêté de danser.

— C'est une blague ?

— Je dois partir, Aziz.

— Attends ! Tu es fou. Kamiar Karaoui, ouvrier qualifié dans le garage de maître Mokhtar ! Tu te rends compte ? Tu vas avoir un bon salaire... C'est la chance de notre vie. La baraka ! Il ne faut pas la laisser passer !

— C'est la chance de *ta* vie, Aziz. Moi, je dois partir. Mon père m'attend au village.

Aziz doit me prendre pour un dément. Maintenant, il me regarde avec de grands yeux où se mêlent impuissance, dépit et incompréhension.

— Le garage de maître Mokhtar, tes outils, ton salaire, je m'en moque, Aziz. Tout ça, c'était un rêve de gosse. Un rêve qu'on m'avait enfoncé dans la tête.

— Très bien, mon frère. Fais comme tu le désires. Et que Dieu te garde !

Aujourd'hui, j'ai l'impression de vivre la plus longue journée de mon existence. Aziz me parle à peine. Il me donne du travail, m'expliquant brièvement ce que je dois faire, puis il retourne à son établi. Il ne jure même pas. C'est bien la première fois.

Dans la rue, les voitures sont collées les unes derrière les autres. Il y a eu un accident un peu plus loin. Les klaxons hurlent. Les gaz d'échappement envahissent le garage. Les yeux me piquent.

Les haut-parleurs de la mosquée me percent les tympans.

Allah est grand !

Moi, j'attends le soir. J'attends le soir pour te revoir, Aya. Pour essayer de te convaincre.

Vers six heures, elle apparaît dans l'embrasure de la porte de la cuisine. Elle a tressé ses cheveux et elle porte une robe avec de grosses fleurs bleues. Elle se précipite vers la grille.

— Tu es belle...

Les mots sont sortis tout seuls de ma bouche. Aya baisse la tête, gênée.

— La robe, je n'ai le droit de la mettre que lorsque je sers des invités. Mais ce soir, les maîtres sont sortis...

— Je t'ai apporté de la *bsisa*. C'est un client qui me l'a donnée. Sa femme vient d'avoir une petite fille...

Aya en fait fondre un morceau dans sa bouche.

— Alors, tu as pris ta décision ?

— Je ne peux pas partir, Kamiar !

— Il le faut. Ici, tu finiras par mourir ! Je vais t'emmener chez toi, Aya ! Je vais te ramener dans ton village !

— Non... Le maître me retrouvera toujours. Il me reprendra, il me battra, et il me tuera ! Je vais rester.

— Aie confiance en moi... Tu dois partir avant qu'il ne soit trop tard.

Aya cligne des paupières. Ses yeux luisent soudain.

— Plus tard... Je... je ne suis pas prête.

— Cet homme-là a brûlé ton enfance, Aya. Il est en train d'ensevelir ta vie.

Aya ne me regarde plus. Il y a dans son visage une expression que je n'ai jamais vue. Ses lèvres frémissent.

— J'ai peur, Kamiar. Peur de partir. Peur du dehors. Trop peur de revoir ma mère... C'est elle qui m'a vendue à ces gens-là !

— Ta mère ne pouvait pas savoir, Aya. Elle a voulu te sauver de la misère. Elle ignore ce que tu as vécu.

— La vraie misère est dans le cœur, Kamiar.

Elle cache son visage dans ses mains et reprend :

— Quand il est venu me chercher, j'ai vu les yeux de ma mère pleurer des larmes. Mes autres sœurs étaient parties depuis longtemps, je ne les ai pas connues. Elles sont peut-être en ville, chez d'autres maîtres. Maître Mokhtar avait promis encore de l'argent à ma mère. L'a-t-elle quelquefois reçu ?

— Ta mère pense sûrement que tu es heureuse, ici. Que tu vas à l'école, que tu es bien traitée...

— Ma mère, elle m'a échangée contre une liasse de billets neufs, Kamiar. J'ai vu sa main se tendre. Ses doigts tremblaient quand elle a pris les billets. Il y avait de la rage et de la tristesse dans ses yeux. Mais elle a pris les billets. Elle les a pris. J'ai aussitôt compris ce que cela signifiait pour moi.

Aya s'assied contre la grille. Contre moi. Seuls les barreaux de fer nous séparent.

— Elle m'a vendue... Je crois que je l'aime encore.

quatre. Maître Meilhan avait promis [illegible] de l'ar-
gent à ma mère. [illegible]

Que tu as [illegible] que nous [illegible]

pris les billets. Elle les a pris. [illegible] comme si ce
que cela [illegible] pour moi.

[illegible] Contre moi. Seuls les
[illegible]

12

Miloud est revenu

Aziz ouvre en grand la porte du garage. La lumière du jour m'éblouit. J'ai mal dormi.

— Tu n'es pas encore debout, paresseux ? me dit-il en tapant dans ses mains. Tu aurais pu ouvrir à ton oncle !

Miloud entre dans le garage. Il me paraît encore plus grand que d'habitude. Il porte un grand tee-shirt blanc et son chèche enroulé autour du cou.

— Nous partons demain matin, Kamiar !

Je me lève. Je repousse du pied un carton plein de joints de culasse usagés. Mon matelas et moi, on a du mal à défendre notre place. Le garage est encombré de mobylettes, de roues, de pièces détachées, de moteurs en attente d'être réparés. Depuis le départ de

Noureddine, nous avons pris beaucoup de retard dans le travail. Et Aziz n'est pas bien organisé.

Moi, je n'ai plus vraiment le cœur à l'ouvrage.

La place du marché est animée. C'est le jour de la viande. Le ciel est bleu, éclaboussé de soleil. Des tourbillons de mouches se déplacent en vrombissant au-dessus des étalages.

Le camion rouge et vert de Miloud domine la rue. La carrosserie brille. Une multitude de petits drapeaux flotte derrière le pare-brise. Miloud est fier de son véhicule. Il le traite comme une véritable personne.

— Tu vas retrouver les tiens ! me dit Aziz. Et moi, je vais perdre un bon ouvrier ! Réfléchis bien à ce que tu fais...

Je me tourne vers mon oncle et dis :

— Je ne partirai pas sans Aya...

Miloud fronce les sourcils.

— Oublie cette fille, Kamiar. Je t'ai déjà dit ce que je pensais de ton idée. C'est trop dangereux pour elle. Et pour moi. Je n'ai pas envie de finir dans une prison pour cette petite servante... Quand tu seras à Midelt, elle ne sera plus qu'un souvenir qui s'effacera au fil du temps.

— Je ne partirai pas sans elle.

— Tu désobéirais à ton père pour une... pour une...

Miloud s'emporte. Son regard est plein de rage. Dans sa voix, je crois entendre la voix de mon père.

Mais je ne céderai pas. Je referme mes oreilles. Je protège mon cœur brûlant d'amour. Non, je ne partirai pas sans Aya.

Après avoir longtemps insisté, Miloud lâche :

— C'est bon, Kamiar ! Je repasserai au garage dans un mois. D'ici là, si Dieu le veut, tu auras changé d'avis. Qu'Allah soit avec toi !

Le visage de mon oncle est sérieux et fermé. Il ajoute encore :

— Si tu changes d'avis avant mon départ, fais-moi signe.

Miloud quitte le garage sans se retourner. Je reste là, les bras ballants.

Aziz semble satisfait. Je me mords les lèvres, mais je ne veux pas abandonner Aya.

Le soir même, la porte de la cuisine s'ouvre doucement. Aya apparaît dans l'entrebâillement. Elle traverse la cour sans bruit. Ses mains agrippent la grille qui nous sépare. Ses yeux brillent dans l'obscurité. Je murmure :

— Mon oncle est revenu...

— Je veux partir avec toi !

— C'est vrai ?

Cette fois, je ne peux pas retenir mes larmes. Mais ce sont des larmes de joie.

— Nazanine m'a battue hier soir.

— Pourquoi ?

— Je n'avais rien fait. Elle m'a battue comme ça.

Elle est rentrée dans la cuisine, avec son air méchant. Elle a pris un balai pour me flanquer des coups sur le dos. Un... deux... trois, tout en me traitant de « sale truie de Négresse ».

Le visage tendu, les yeux pleins de colère, Aya se libère. Les mots sortent de sa bouche, précipités.

— Je crois bien qu'elle était décidée à me *chicoter* jusqu'à la mort. Mais cette fois, j'ai senti la force monter dans mon ventre. Je n'avais plus peur. Je ne sentais plus la douleur qui me cisaillait le dos. J'ai pensé à toi. Aux mots que tu me dis souvent. Tu m'as ouvert les yeux, Kamiar. Je me suis levée. Je lui ai arraché le balai. Je l'ai jeté sur son visage. Mes yeux devaient être plus terribles que les siens. Elle a eu peur. Elle a eu peur de moi. Nazanine a eu peur de la petite Négresse. Elle a reculé. Elle est sortie de la cuisine en jurant qu'elle me tuerait.

Je lève la tête. Plusieurs rangées de fils barbelés surmontent le mur d'enceinte.

— Tu ne pourras jamais sortir !

— Je sais où ils cachent la clé des grilles.

— Miloud part demain, avant le lever du soleil. Nous allons nous cacher dans la remorque. Le voyage dure plus d'une semaine. Il nous faut des provisions, et de l'eau.

— Il n'y a personne dans la maison. Mokhtar et Nazanine sont sortis. Je vais remplir un sac et un bidon.

— Et le gardien ?
— Il dort à poings fermés...
— Fais vite !

13

Jusqu'au bout de la route

Il fait nuit. Aya a quitté pour la première fois la maison de ses maîtres. Elle a franchi la grille. La voilà libre !

Nous nous glissons sous la bâche de la remorque. Miloud dort dans sa cabine.

Nous sommes seuls. Seuls tous les deux. Seuls, ensemble, l'un contre l'autre. Je respire avec lenteur, pour mieux savourer ce bonheur. Mon épaule se réchauffe contre celle d'Aya. Un flux de joie m'inonde, je ferme les paupières. Il n'y a plus de grille entre nous, plus de fer. Nos prisons se sont ouvertes. Les portes ont volé en éclats, libérant une douce lumière, une lueur de liberté.

À l'aube, Miloud se réveille. Il s'apprête à démarrer. Je l'entends rouspéter parce que les bougies de préchauffage fonctionnent mal. Aya et moi, nous nous blottissons dans un coin, parmi les marchandises que transporte mon oncle.

Le moteur Diesel ronronne enfin. Je cale ma respiration sur son rythme saccadé. La courroie de distribution claque régulièrement.

Les gaz d'échappement commencent à se faire sentir à l'arrière. Je ne peux m'empêcher de tousser.

Roule, Miloud. Roule !

Aya est serrée tout contre moi. Elle me tient chaud. Sa main tremble dans la mienne. Son dos la fait souffrir. Le moindre mouvement lui arrache un gémissement de douleur. Je crois qu'elle a de la fièvre.

Cinq mille kilomètres nous séparent de chez elle. Cinq mille kilomètres dont les trois quarts de désert. Je suis fou de l'embarquer dans cette aventure. Son dos n'est qu'une plaie. Comment supportera-t-elle le voyage ? Elle pose sa tête sur mes genoux. Il fait jour. Je lui chuchote des mots tendres. Des mots sortis tout seuls de ma bouche, de mon cœur. Des mots que je n'avais encore jamais dits auparavant.

Des mots de lait et de miel.

La portière du conducteur claque. J'entends les pas de l'oncle Miloud. Il fait deux fois le tour de la remorque en sifflant. Sa main passe sous la bâche. Il vérifie les attaches des élastiques. À travers une déchirure du tissu, je peux l'apercevoir. Il est en train de resserrer la sangle de la batterie.

Miloud monte dans la cabine.

Une longue accélération. Il enclenche la première. La boîte craque horriblement. Le véhicule bondit. La remorque chargée à bloc de dattes, de tissus, de barils d'essence et de gasoil avance par à-coups. À l'arrière, cinq moutons et deux chèvres complètent ce chargement.

Ça y est ! Nous roulons.

Les bruits de la ville me parviennent. klaxons. Sirènes et porte-voix de la gendarmerie. J'ai peur. Peur qu'ils nous arrêtent, peur qu'ils fouillent le camion et nous découvrent. Le voyage s'arrêterait là...

Ces derniers temps, les contrôles de police se sont renforcés à la suite d'un grave attentat qui a fait plusieurs morts dans un collège de la capitale. « Les militaires mettent les bouchées doubles pour tenter de démanteler les réseaux terroristes », a annoncé la radio hier soir.

La violence fait rage dans notre pays...

Ton sourire me manque, grand-mère. Quel dommage que tu n'aies pas connu Aya. J'aurais tellement voulu que tu la serres aussi contre toi. Je suis sûr que tu l'aurais aimée.

Te souviens-tu quand tu me parlais des temps anciens, où ceux de la tribu partaient durant de longs mois au pays du Soudan pour acheter de jeunes esclaves noirs ? Tu croyais cette époque révolue, et tu t'en réjouissais.

Tu te trompais, grand-mère. Il y a encore sur terre des hommes dont le cœur est plus dur et plus froid que la pierre. Des hommes qui achètent sans honte et sans remords la liberté des autres.

Moi-même, n'étais-je pas prisonnier de mon destin jusqu'à ce matin ? Mais cette nuit s'appelle « liberté ». Elle est douce comme la main d'Aya. Elle sent un parfum d'ambre et de musc. À partir de maintenant, personne ne décidera à ma place de la route que je dois suivre.

Un jour, les hommes s'éveilleront. Ils regarderont leurs dieux en face, bien dans les yeux. Et ils choisiront de changer le monde. De faire un monde plus juste. Un monde de justes.

Louange à Dieu,
Seigneur des mondes :
Celui qui fait miséricorde,
Le Miséricordieux...

Aya essaie de s'installer de façon plus confortable. Elle s'inquiète :

— Que fera maître Mokhtar, tout à l'heure, quand il découvrira que je me suis enfuie ?

— Que veux-tu qu'il fasse ?

— Il va alerter la police... nous serons traqués !

Ses grands yeux luisent dans l'obscurité. Un klaxon hurle dans une rue voisine. Elle tressaille.

— Quand il se réveillera, nous serons déjà loin sur la route du sud. Et puis, je peux t'assurer qu'il ne fera rien. Tu voudrais qu'il aille à la police en disant : « Mon esclave s'est échappée ! »

— La police est de son côté...

— Ne crois pas cela. La police ferme les yeux, c'est tout. Mais il y a quand même des lois qui te protègent, Aya.

— Si un jour il me retrouve ?

— Il ne te retrouvera pas !

— Alors, il ira chercher une autre fille dans mon pays. Peut-être une de mes sœurs. Une fille noire. Noire comme moi.

Elle soupire.

— Aya... En acceptant de t'enfuir, tu as brisé tes chaînes. Tu as décidé de reprendre ta liberté...

Je soupèse notre sac de provisions.

— Il n'est pas bien lourd, me fait remarquer Aya.

— Ce n'est pas un problème, pendant la traversée, nous pourrons manger des dattes.

— Mais l'eau, nous n'avons qu'un bidon de cinq litres. C'est tout ce que j'ai trouvé..., me dit Aya. On n'en aura jamais assez.

— Ne t'inquiète pas... Nous sortirons la nuit, quand Miloud dormira. Je sais qu'il fait toujours ses haltes près des puits. Il connaît bien le désert et les nomades. Il va s'arrêter pendant deux ou trois jours dans un douar au nord de Gao en plein cœur d'une oasis, pour saluer Kader et Habib, les frères de sa femme.

— Comment sais-tu cela ?

— Je connais la route de Miloud autant que lui. Il me l'a tellement racontée. Je l'ai tellement rêvée. Nous allons traverser les grands ergs puis le Tanezrouft...

— Tu as rêvé de mon pays aussi ?

— Oui.

— Que feras-tu quand nous serons là-bas ?

Je ne réponds pas. Les cahots du camion nous secouent.

Je respire profondément pour chasser mon angoisse. Aya s'est endormie. Je caresse ses cheveux. J'ai peur, mais je sais qu'au bout, il y a l'Afrique.

14

Les gendarmes

La fraîcheur du petit matin me réveille.

Nous roulons depuis cinq bonnes heures. Sans doute avons-nous dépassé le village de Midelt. Je me déplace à quatre pattes entre les caisses de dattes et les fûts d'essence. Je soulève la bâche. Le désert s'étend à l'infini. Le soleil se lève dans un halo de brume. Rose, orangé. Ses rayons embrasent le reg. Les ombres des pierres qui parsèment le sol par milliers s'allongent et se chevauchent, donnant au paysage une allure fantomatique. Des tourbillons se créent à l'horizon, soulevant des nuages de poussière et de sable.

La route goudronnée a laissé place à une piste balisée par des carcasses de voitures calcinées et de vieux bidons de deux cents litres. Nous roulons à vive allure.

La bâche claque régulièrement contre les montants métalliques. À l'arrière, les moutons et les chèvres ne sont pas rassurés. Une forte odeur de gasoil se mêle au parfum sucré des dattes.

Soudain, les freins crissent. Miloud freine. Une camionnette de la gendarmerie nous double.

— Ils vont nous trouver ! s'exclame Aya.

— Allonge-toi et ne bouge plus ! Je vais voir ce qu'ils font.

Miloud s'arrête. Je regarde par une ouverture de la bâche.

Ils sont deux. Ils descendent du véhicule. Le plus grand se dirige lentement vers le camion. Il retire sa casquette et passe la main sur son front dégarni. Derrière ses lunettes de soleil se devinent de petits yeux perçants. Nez crochu, menton épais, moustache broussailleuse, il a une allure inquiétante. Il me fait penser à Noureddine. Sur ses épaules brillent les insignes de son grade.

C'est lui le chef.

Son subalterne est resté en retrait près du 4 × 4, mitraillette au poing.

— *Salam !* Papiers !

— *Salam !*

L'air ne circule plus dans notre habitacle. Il commence à faire chaud. Les gaz d'échappement montent par toutes les ouvertures. Je ne peux pas m'empêcher de tousser. Les moutons bêlent. Les chèvres tirent sur leur licol.

Aya est terrorisée. Les yeux exorbités, elle s'est tassée à l'avant de la remorque, derrière une palette de tissu.

Moi, je ne les lâche pas du regard. Pourvu qu'ils ne nous trouvent pas ! Je prie.

Miloud glisse la main dans sa poche revolver. La culasse de la mitraillette claque aussitôt. Le chef lui-même sort son pistolet qu'il braque vers la tête de mon oncle, le doigt sur la détente.

Mon cœur va exploser. Ne tirez pas ! Mâchoires crispées, Miloud lève les bras instinctivement. Le chef hurle :

— Les mains sur le capot, jambes écartées ! Vite !

— *Yâ Sidi*... Du calme ! rétorque Miloud en sortant du véhicule. Je ne suis pas un terroriste. Je travaille pour la Compagnie El Zahêm.

— La Compagnie El Zahêm ? Hum... Que transportes-tu ?

— Des dattes, du gasoil, du tissu...

— Des armes ! Tu as des armes dans ta remorque ?

— Pas d'armes, je te dis ! Des dattes, du tissu ! Tu peux aller vérifier toi-même !

Le chef soulève la bâche.

— Et ces bêtes ?

— C'est un cadeau pour les frères de ma femme. Ils campent à l'oasis de Kermet.

— Les frères de ta femme, tu dis ? Ils appartiennent à quelle tribu ?

— Les Chehida...

— Bon !

Miloud a vraiment l'air sincère. Le chef hoche la tête et fait signe à son subalterne de vérifier le chargement. Je m'aplatis près d'Aya.

L'homme soulève la bâche et monte dans la remorque. Il balaie du regard toute la cargaison. Il soulève le couvercle d'une caisse, il mange une datte et crache le noyau dans le fond de l'habitacle. Le noyau retombe sur ma tête. Je retiens ma respiration et prie pour qu'il ne nous repère pas.

Il donne un coup de pied dans un sac, un coup de crosse dans un fût. Sans doute cherche-t-il des armes.

Les moutons bêlent. L'une des chèvres s'affole. Elle décoche un violent coup de tête dans les jambes du gendarme.

— Saloperie !

Il décide d'abandonner sa fouille. Il saute de la remorque en grognant. Il replace son treillis correctement et fait signe à son chef que tout a l'air normal.

— C'est bon... tu peux continuer.

Je soupire. Miloud referme la bâche.

Le camion s'ébranle.

15

Le puits

Vers midi, notre allure ralentit. Nous entrons dans la montagne. La piste se resserre, puis disparaît complètement. Depuis le matin, nous avons croisé cinq véhicules. Maintenant, nous sommes seuls. Ce passage est connu uniquement de Miloud et de quelques bédouins. Il permet de gagner près de cent kilomètres et d'éviter une mer de sable où les camions s'enlisent fréquemment.

Longtemps, nous avançons au pas. La pente est raide. Par des manœuvres savantes, Miloud parvient à glisser tracteur et remorque entre d'énormes rochers. Parfois, il descend du camion pour estimer le danger. Alors, le soleil cogne sur la bâche. Dans la remorque, la chaleur devient vite insupportable. Nous suons à grosses gouttes.

J'ouvre le bidon. L'air emprisonné s'échappe en chuintant.

— Tiens, Aya !

Elle avale une gorgée et grimace...

— Elle est chaude !

— Ce soir, nous boirons de l'eau fraîche, je te le promets.

Le soir même, Miloud s'arrête sur l'autre versant de la montagne. Nous avons franchi le col. Le désert a changé d'allure. Les récits de Miloud me reviennent clairement à l'esprit. Les dunes ondulent à perte de vue. Elles courent vers l'Afrique noire. Le soleil couchant leur donne des teintes fabuleuses. Je n'ai jamais rien vu d'aussi beau. Dans moins d'une semaine, nous devrions arriver à destination.

Le moteur s'arrête. Finies les vibrations. Finis les gaz d'échappement. Je me redresse. J'ai mal partout. Mes os craquent.

Le vent s'est levé. Une brise légère, rafraîchissante, pénètre la remorque. Le vent du soir. Aya se tient le dos. Sa fièvre est tombée. J'ai l'impression que désormais, nous sommes à l'abri de tout. Les esprits du désert nous protègent.

Aya a les larmes aux yeux.

— Quand je pense à toutes ces années... La tête me tourne, Kamiar... Pourquoi je ne me suis pas enfuie ?

Je ne connaissais que les maîtres. Et les amis du maître. Tu sais, ils ont des servantes, eux aussi. Des filles comme moi. Ils en parlaient quelquefois. En riant, toujours en riant : « les Zimbabwe ». En se moquant, avec leur air... Je les déteste ! Une fois, le maître a dit : « Le jour où nous ne serons plus là pour dresser les Nègres, ils retourneront vivre dans les arbres. »

Aya essuie une larme. Ses lèvres tremblent. Elle continue :

— Personne à qui parler. Personne pour m'aider. J'étais vraiment prisonnière. Je peux te le dire, maintenant. La ville me faisait tellement peur. Je n'aurais jamais osé passer la grille. Même si elle avait été grande ouverte. Le monde s'arrêtait pour moi aux murs du jardin. Je ne leur pardonnerai jamais, Kamiar, tu m'entends ? Jamais ! Mon ventre me fait trop mal quand je les revois.

Son regard se durcit. La haine se dessine sur son visage. Elle est ailleurs. Elle est là-bas, dans la villa de Mokhtar. Elle serre un bâton dans ses mains et elle frappe. Dans sa tête, elle frappe de toutes ses forces, elle frappe de tout son corps, sans pouvoir s'arrêter. Ses maîtres s'effondrent sur le carrelage, suppliants.

Aya soupire.

Ma main caresse sa joue. Son souffle chaud effleure ma peau. Mon visage se rapproche du sien, imperceptiblement. Ses grands yeux noirs s'arrêtent dans mon regard. Le cœur bat dans ma bouche, au bord de mes lèvres où tremblent des mots d'amour :

— Je... je t'aime, Aya. Je t'aime...

Elle m'embrasse puis blottit sa tête dans mon cou dans un murmure :

— Tu m'as tirée de la nuit, Kamiar. Je... je pensais que je n'existais pas. Et maintenant, j'existe pour toi, j'existe avec toi. Je ne suis plus rien sans toi. Moi aussi, je t'aime...

Nous nous serrons l'un contre l'autre. Elle ajoute :

— Je n'aurais jamais pensé dire un jour des mots sans violence, des mots sans douleur.

Le monde s'efface autour de nous. L'amour palpite dans nos poitrines, au bout de nos doigts. Il cogne dans nos poitrines à l'unisson, cocon de bonheur et d'ivresse.

Ici, la végétation est abondante. Cactus, arbres aux branches tournées vers le sud, graminées. Une gazelle surgie d'un buisson bondit entre les pierres et se réfugie dans la montagne.

— C'est une sorte de petit paradis...

Le vent murmure une prière...

Dieu a promis aux hommes des prairies
Où coulent des ruisseaux.
Il leur a promis d'excellentes demeures,
Situées dans le jardin d'Éden...

Miloud sort de sa cabine. Il s'étire face à l'immensité.

Aujourd'hui, le désert n'est pas seulement pour toi, mon oncle. Aujourd'hui nous sommes là, Aya et moi. Permets-nous de le partager avec toi.

Miloud déroule son chèche. Il se dirige vers la remorque. Il ouvre la bâche.

— Allez, les bêtes !

Il attache les moutons et les chèvres au pied de la remorque, tout en murmurant un air que me chantait grand-mère...

De loin je te ramène des moutons
Fils de notre tribu
De loin je te ramène des chèvres
Accepte ce présent comme un cadeau de Dieu !

La nuit tombe d'un seul coup.

Dans le puits situé au pied d'un acacia, Miloud a rempli un seau pour les animaux. De l'eau claire. Notre bidon est presque vide. L'eau qui y stagne a pris un goût de plastique. J'ai soif. Soif d'eau fraîche. Je rêve d'une source limpide dans laquelle je plongerais entièrement pour me mêler à l'élément.

Aya frissonne. Ses vêtements trempés de sueur lui collent à la peau.

— Quand il dormira, j'irai remplir le bidon.

Miloud ramasse maintenant des brindilles et des

branches mortes. Il les installe en faisceau, verse quelques gouttes de gasoil et gratte une allumette. Une flamme jaune monte vers le ciel étoilé.

Bientôt, le feu crépite. Miloud s'enroule dans son burnous et fait chauffer une casserole d'eau. Quand l'eau frémit, il y jette une poignée de thé vert.

Il mâche des dattes séchées et sirote l'infusion. Moi, je n'ose pas bouger. L'attente se fait longue.

La nuit avance.

Je lutte contre le sommeil. J'ai les paupières lourdes. Je secoue la tête pour ne pas m'endormir. Le silence est pesant, réel, dense. Le silence du désert. Le vrai silence qu'aucun murmure ne vient troubler.

Aya s'est enroulée dans ma chemise. Elle a calé sa tête sur un coupon de tissu.

De temps en temps, je soulève la bâche. Miloud s'est endormi. Il est complètement emmitouflé dans son burnous. Il ne craint ni l'hyène, ni le chacal. Il n'a pas peur des *djennouns* qui hantent le désert. Son feu est tombé. Les braises rougeoient.

Les moutons et les chèvres sont calmes. Je vais pouvoir sortir.

La traversée de la remorque est une véritable aventure. J'avance à tâtons, passant par-dessus les caisses, contournant les fûts. La bâche est ouverte. La lune est haute dans le ciel. La nuit est claire. Je marche à pas feutrés. Je contourne le camion.

Un oiseau s'envole devant moi. C'est une buse. Ses

ailes s'étalent, fouettent sans bruit l'air frais. Elle monte très haut dans le ciel et plonge pour disparaître derrière la montagne.

Le puits. C'est un trou creusé dans la roche. Il est protégé par une simple pierre plate.

Je pose mon bidon. Je soulève la pierre. Une vieille boîte de conserve attachée à une cordelette de nylon soigneusement enroulée sert à puiser de l'eau.

Soudain, un cri me glace le sang :

— Qui es-tu ?

Je me retourne.

— Kamiar ! s'exclame Miloud. Que fais-tu là ? Comment...

Il hoche la tête et dit :

— Tu es avec la fille !

Tu as deviné, oncle Miloud. Tes yeux se durcissent. Ton regard me transperce. Tu vois, Miloud, je suis de ton sang. Je suis aussi entêté que toi.

— Il... il fallait que je le fasse.

— Où est-elle ?

— Dans le camion... Mais ne lui fais pas peur.

Miloud pose une main sur sa bouche. Il apaise sa colère.

— Dieu me protège ! Pourquoi ne m'as-tu pas écouté ? Demain, je passe la frontière. Les douaniers vont vous trouver. Tous les ennuis seront pour moi ! Qu'est-ce qui s'est passé dans ta tête, Kamiar ? Qu'est-ce que je vais faire de cette fille ?

Dans la cabine, Miloud prend une lampe électrique. Puis il se dirige vers la remorque. Il soulève la bâche et appelle :

— Aya !

Aucune voix ne répond. Le faisceau lumineux balaie l'intérieur de la remorque. J'aperçois sa tête. Elle se lève avec lenteur, effrayée. La lumière l'éblouit. Elle se protège les yeux de l'avant-bras.

— Tu peux venir ! Je ne te ferai aucun mal !

Miloud lui prend la main pour l'aider à descendre... Il a retrouvé son calme. Il prend une toile de tente à l'arrière du camion et la jette par terre.

— Vous allez dormir ici.

— Que vas-tu faire de nous, oncle Miloud ?

Je ne reçois pas de réponse. Mon oncle s'installe en silence près du feu et le ranime. Aya est trop fatiguée pour réagir. Elle s'allonge sur la bâche. Je la recouvre avec ma vieille veste puis je m'assieds près de Miloud.

De temps en temps, il pioche des dattes dans une assiette émaillée. Il me fait signe d'en prendre. Je lui demande :

— Quelle est ta décision ?

— Je pourrais te laisser dans le désert avec cette fille... ou bien te ramener à Midelt. Que veux-tu que je fasse, Kamiar ? Il n'est pas question que je rebrousse chemin.

Il crache un noyau dans le feu et ajoute :

— Nous allons continuer la route ensemble. *Inch*

Allah ! Tu veux te battre pour cette fille, Kamiar ? C'est bien ça ? Tu veux bouleverser le cours des choses ?

Je lui réponds d'un hochement de la tête. Il reprend :

— Peu d'hommes osent agir ainsi, tu sais... Mais sans doute as-tu raison, Kamiar. Si tu ne le faisais pas maintenant, tu ne le ferais jamais.

— Hum...

— Oh, tu ne changeras pas la face du monde !

Le silence s'installe entre nous. Les branches d'acacia crépitent dans les flammes. Attirées de très loin par la lueur de notre foyer, des mouches tourbillonnent au-dessus de nos têtes.

— Tu aurais agi comme moi, Miloud ?

Miloud sourit. Son visage s'éclaire. Son regard se perd dans les souvenirs.

— Je ne sais pas. Pour ma part, je crois que je n'ai jamais aidé personne. J'ai quitté le village quand j'avais ton âge, tu vois. Mais ce n'était pas pour sauver une fille. Je n'ai jamais pensé qu'à moi, à mon avenir, à ma liberté. Je trouvais la vie petite au village. J'avais l'impression d'étouffer. J'avais besoin de grands espaces, de terres sans frontières. Avec mon camion, je crois que j'ai un peu réalisé cet idéal.

— Les frontières existent toujours...

Miloud sort un paquet d'américaines de la poche de sa chemise. Il saisit un tison et allume une cigarette.

— Peut-être, mais moi je transporte des biens, et les douaniers me laissent passer. Partout où je vais, on m'accorde de l'importance parce que je transporte des marchandises... C'est comme ça !

— Tu es comme les nomades...

— Détrompe-toi. Avec la sécheresse et la disparition des pâturages, les nomades n'ont plus que leur misère à troquer. Alors il est de plus en plus rare qu'on les laisse passer les frontières. Les nomades et leur misère gênent les gouvernements. Personne n'en veut ! Ils sont devenus des étrangers dans leur propre pays.

Une brise légère se lève. C'est la respiration de la montagne. Les braises rougeoient. Je regarde Aya. Nos existences sont désormais indissociables. Plus rien ne pourra nous séparer. Nos vies sont unies comme les fils d'une broderie de mariage !

Aya dort à poings fermés. Son visage s'est détendu.

Miloud parle d'une voix profonde, sincère. Ses paroles sont pleines de sagesse.

— Un jour, peut-être, chacun sera reconnu à sa juste valeur. Les hommes seront considérés pour ce qu'ils sont, et non pas pour ce qu'ils possèdent... Mais ce ne sera pas facile de rendre juste ce qui ne l'est pas. Il faudra beaucoup de volonté et de courage. Toi, tu en as eu en décidant de tout abandonner pour cette fille. Mais crois-tu qu'elle en vaut vraiment la peine ?

— Je n'aurais pas pu partir sans elle, Miloud... Je t'assure. C'était plus fort que moi...

— Ceux que tu aimes... tu dois les aider. Sans chercher à savoir ce qui te pousse à le faire. Tu...

Miloud se penche vers moi. Comme pour me dire un secret.

— Tu aimes cette fille !

Je baisse la tête.

Mes sentiments... Je ne les ai jamais confiés à personne d'autre qu'Aya. D'ailleurs, je ne sais pas ce que je ressens exactement. Comment dire l'amour ? C'est tellement fort. Tellement profond. Tellement indéfinissable également.

Je t'aime, Aya. J'aime ton ombre noire. Je t'aime derrière la grille, dans la maison de maître Mokhtar. Je t'aime près de moi cachée dans le camion, la douceur de ta main, la chaleur de ton souffle. J'aime ta voix hésitante, j'aime les mots que tu ne me dis pas. J'aime ta douleur. J'aime tout ce que je ne sais pas de toi, tout ce que tu ne peux pas dire.

Pourquoi chercher à expliquer les sentiments ? Ils ne sont pas seulement dans la tête, comme les pensées, Miloud. Ils sont enracinés au cœur de l'homme. Ils naissent dans la tête et le corps à la fois. Dans l'être tout entier...

Mes lèvres s'entrouvrent. Je lâche d'une voix tremblante :

— Oui...

— Tu as pensé à ce que tu feras si nous arrivons à Bouaké ?

— Non... Mais j'ai tellement rêvé de son pays.

Le froid et la fatigue me pénètrent lentement. Un frisson me parcourt. Je me frotte les mains.

— Tu sais, Kamiar, les rêves s'évanouissent quand ils deviennent réalité... Je veux que tu me promettes une chose. Quand cette histoire sera finie, tu reviendras au pays avec moi !

— Mais...

— Je ne continuerai la route qu'à cette seule condition !

— Son pays... C'est toi qui me l'as raconté, c'est toi qui m'as rempli la tête de ces rêves. Toi, Miloud, depuis que je suis tout petit.

Miloud s'allonge. Il disparaît dans son burnous. Il laisse échapper un long soupir.

Les yeux rivés sur les étoiles, je n'ai plus peur. Une étoile plus grosse que les autres traverse le ciel. Elle explose en mille étincelles au-dessus du désert.

Dans la montagne, un chacal hurle à la mort. Je n'ai pas peur de demain. Pas peur des douaniers ni des gendarmes. Grand-mère racontait que les étoiles filantes apportent le bonheur.

Nous n'avons plus à nous cacher. Je sais que Miloud fera tout pour nous aider. Je me lève et vais m'allonger près d'Aya. À deux, nous aurons plus chaud.

16

En panne dans le désert

À l'aube, Miloud a emmené les bêtes paître dans la montagne.

Le ciel rougeoie au-dessus des crêtes. Le désert s'éveille. Les couleurs éclaboussent l'horizon. Un vent tiède chasse le froid de la nuit. Corbeaux et vautours se laissent porter par les courants ascendants.

Aya n'est pas encore réveillée. Je me penche sur elle. Je passe la main dans ses cheveux.

— Aya !

Elle tourne la tête vers moi. Avec lenteur. Son visage se crispe. Elle transpire anormalement. Je pose la main sur son front. Il est bouillant.

— Tu as de la fièvre !

— J'ai... j'ai mal partout..., me dit-elle. Je ne peux plus bouger. La fièvre est revenue...

Tu allais mieux hier soir. Que se passe-t-il maintenant ? Ce n'est pas grave ! Dis-moi que ce n'est pas grave.

Je l'aide à se lever. Elle tremble de la tête aux pieds. Elle ne tient même pas sur ses jambes. Ses articulations la font souffrir. Je voudrais prendre la douleur qui la dévore.

— J'ai mal...

Je m'écrie :

— Miloud ! Miloud, vite !

Un bêlement me répond.

Miloud abandonne ses bêtes et se précipite vers nous. Il pose sa main sur le front d'Aya. La sueur coule le long de ses tempes, forme des gouttelettes serrées autour des yeux et des lèvres. Son souffle est court, irrégulier.

— Tu as déjà eu des fièvres semblables ?

— Oui..., murmure Aya, sans forces. Elles reviennent souvent... Ma tête... va... exploser... La malaria...

— La malaria ! répète Miloud. Aide-moi, Kamiar. On va l'installer dans la remorque. Tu resteras près d'elle. Il faut qu'elle boive beaucoup. J'ai de la quinine et de l'aspirine dans ma pharmacie. Tu lui en donneras jusqu'à ce que la fièvre tombe. Si tu veux que je m'arrête, tape sur la ridelle, je t'entendrai.

Aya est allongée sur un matelas de tissus. Je m'assieds près d'elle. Je lui prends la main. Ses dents claquent. Elle est parcourue de frissons.

— J'ai froid...

J'accompagne Miloud dans l'oasis pour récupérer les moutons et les chèvres.

— Tu sais ce qu'elle a, Miloud ?

— C'est la malaria, Kamiar. Le paludisme.

— C'est grave ? Elle va guérir ?

Miloud me prend par l'épaule.

— Certaines formes sont moins graves que d'autres. C'est une maladie qui ne disparaît jamais complètement, si tu ne te fais pas soigner correctement.

Les chèvres sont déjà loin. Elles avancent plus vite que les moutons, et n'hésitent pas à aller sur des pics escarpés brouter les herbes tendres, là où les moutons n'oseraient jamais s'aventurer.

Miloud les appelle en sifflant...

Jaunes comme le sable jaune
Les moutons reviennent du pâturage
Les chèvres les précèdent
Les petites chèvres noires.

Miloud monte dans la cabine et referme la portière. Le camion démarre.

La bâche est restée ouverte. Le paysage défile sous

mes yeux, dans un nuage de poussière. Il fait chaud. Le ciel est noyé de soleil. Aya respire difficilement. De temps en temps, elle me sourit. Mais je lis la détresse dans son regard.

— J'ai peur de mourir, Kamiar...

— Ne t'inquiète pas, je suis avec toi. Tu seras bientôt guérie !

— Je voudrais revoir ma mère... Je ne veux pas mourir...

Tu ne peux pas mourir, Aya. Tu es devenue ma raison de vivre. Ma raison de partir.

Je dépose un comprimé de quinine sur sa langue. Le goût amer la fait grimacer. Je lui redresse la tête et l'aide à boire dans la *guerba* que m'a donnée Miloud. Le camion nous secoue. L'eau ruisselle sur ma main, coule autour de la bouche d'Aya, le long de son cou.

Et je prie. Je prie toutes les prières que le *meddeb* m'a apprises, toutes les prières de grand-mère, toutes les prières de ma mémoire. Je les récite avec mon cœur, avec mon ventre, avec ma tête. Je veux qu'elle vive. Aya ne doit pas partir, briser nos vies.

La journée avance.

Nous avons laissé la montagne loin derrière nous. Elle n'est plus qu'un trait noir à l'horizon.

Il fait de plus en plus chaud. Aya s'est endormie. La fièvre est tombée. Je me sens mieux moi aussi.

Nous naviguons entre les dunes, gigantesques vagues de sable blond. Dans deux ou trois heures, nous rejoindrons la piste. Ce soir, la frontière malienne.

Soudain, le moteur pétarade. Miloud accélère. Le camion semble repartir puis cale.

Aya se réveille en sursaut. Le moteur s'est tu définitivement. Il n'y a plus que le bruit des suspensions et des roues mordant le sable.

Les freins crissent. Nous sommes en roue libre. La course s'arrête. La chaleur s'abat sur nous, insupportable. Le soleil est presque à la verticale.

Miloud sort en grognant. Il soulève le capot. Je le rejoins. Un premier coup d'œil, tout a l'air normal. Pas de fuite, pas de durite percée.

Je m'étonne :

— C'est la panne sèche ?

— Impossible ! J'ai fait le plein avant de partir...

— Le réservoir est peut-être perforé ?

Miloud se glisse sous le camion.

— Il y a des traces de rouille et de gasoil, mais pas de suintement. Tout semble normal.

Il ouvre le bouchon et se penche sur l'orifice.

— Il reste une centaine de litres...

— Pourtant, le filtre à gasoil est vide.

— C'est sûrement la pompe à injection qui a lâché...

La chaleur du moteur doublée de la morsure du soleil deviennent insupportables. Je m'essuie le front.

Machinalement, je prends appui sur la carrosserie. La tôle me brûle les mains.

Je hoche la tête. Miloud se trompe. Ça ne peut pas être la pompe. C'est impossible !

Miloud consulte sa montre.

— Il est treize heures. On va monter une tente pour nous abriter ainsi que les animaux. On n'est pas en plein été, mais il faut se méfier de l'ardeur du soleil. Nos provisions d'eau seront vite épuisées.

— Le prochain puits est loin ?

— Il faut compter au moins sept heures de marche. Et puis...

Miloud baisse le ton et ajoute :

— Aya ne doit pas se déshydrater. Tu t'occuperas d'elle. Pendant ce temps, je vais essayer de réparer.

Aya ! Les médicaments commencent à faire leur effet. Mais je sais que dans trois ou quatre heures, la fièvre sera revenue. Pourvu qu'elle tienne le choc.

Miloud se penche encore une fois sur le moteur. Il marmonne :

— La pompe à injection. Si elle est cassée, on est bons pour continuer à pied.

— Je ne crois pas que ce soit la pompe, Miloud.

— Qu'est-ce que tu en sais ? me répond-il sèchement.

Miloud est énervé. Je ne l'ai jamais vu comme ça. C'est vrai qu'il connaît le Sahara. Il sait ce que cela signifie d'être perdu au beau milieu de l'erg...

Nous sommes en plein cœur du désert, entourés de dunes.

Le sable. Du sable à perte de vue. Des milliards de grains de sable chauffés par le soleil, sans la moindre goutte d'eau. J'ai peur pour Aya. Et pourtant, c'est bizarre mais je ne regrette rien. Je ne regrette pas de l'avoir entraînée dans cette course folle.

Seuls les corbeaux et les mouches ont repéré notre présence. À une centaine de mètres, les ossements d'un chameau, blanchis par le soleil.

J'aide Miloud à dérouler la tente dont il ne se sépare jamais. Nous l'attachons aux montants de la remorque et la fixons dans le sable à l'aide de piquets.

La toile est épaisse, et l'ombre qu'elle procure, bienfaisante. Les moutons et les chèvres se pressent sous l'abri. Aya s'allonge sur une couverture. Je pose ma main sur son front. Sa température a baissé. Elle entrouvre les lèvres. Elle parle à voix basse. Des mots incompréhensibles, des mots dénués de sens. Elle redresse la tête. Elle me regarde et dit :

— J'ai froid...

Comment peut-elle avoir froid ? Il fait une chaleur étouffante ! Ses vêtements sont trempés de sueur. Elle tremble. Je lui donne de nouveau un comprimé de quinine et un autre d'aspirine. Je lui tends la *guerba*.

— Bois, Aya... bois !

Je lui sèche le front à l'aide d'un chiffon.

— La fièvre tombe. Tu seras bientôt guérie, dis ?

— Je... je vais guérir. Je te le promets !

— Je t'aime, tu sais.

Elle me sourit. Un sourire fatigué.

— Je t'emmènerai chez moi, Kamiar. Dans ma famille. Tu seras mon roi !

Miloud pose la caisse à outils contre une roue. Il l'ouvre et en sort deux grosses clés plates. Il se penche sur le moteur et s'apprête à démonter la pompe à injection.

— Tu ne me crois pas, Miloud ?

— Je te dis que c'est la pompe. Je vais la vérifier...

Je sais que je ne devrais pas insister, mais je suis sûr de moi.

— Si tu la démontes, tu risques de la dérégler. Et là, sois certain que le moteur n'est pas près de redémarrer !

— J'en ai cassé une il y a quelques années, Kamiar. Je sais ce que c'est ! Et puis, je connais mon camion...

— Avant la panne, tu as eu des ratés, Miloud. Souviens-toi ! Puis le moteur a continué à tourner pendant un petit moment. Si la pompe avait cassé, ça n'aurait pas du tout fait ça !

Miloud hésite. Il attrape un chiffon dans la caisse à outils et se frotte les mains nerveusement.

— C'est quoi ton idée ?

— Le filtre à gasoil est vide, d'accord ?

— Hum...

— Et pourtant ton réservoir est plein.

— Et alors ?

— C'est une durite qui est bouchée, tout simplement. C'est fréquent, tu sais. Des saletés du réservoir se déposent dans la conduite, la paraffine les agglutine et ça finit par ne plus laisser passer le gasoil. Alors le moteur s'arrête, faute de carburant.

— Dieu t'écoute ! Si ce n'était que cela !

Miloud range ses clés dans la caisse. Je me glisse sous le camion. Je repère la conduite reliée au filtre à gasoil. Elle fait un coude en remontant vers le moteur.

— C'est ici même qu'elle doit être bouchée ! Donne-moi un tournevis !

Je sens que mon assurance commence à étonner Miloud. Pourvu que je ne me trompe pas.

À l'aide du tournevis, je démonte les colliers métalliques aux deux extrémités. Il fait une chaleur insupportable. La sueur dégouline dans mon dos. Le sable me colle à la peau.

Je tire sur le caoutchouc. Il est devenu complètement sec. La durite se fend en deux. Heureusement, Miloud en possède plusieurs mètres de réserve. Je la remplace immédiatement.

— Voilà ! Maintenant, il n'y a plus qu'à pomper à la main. Si le gasoil remonte, c'est que j'avais raison.

Pendant de longues minutes, Miloud appuie frénétiquement sur la tige métallique du filtre. Mais il ne se remplit pas. Soudain, son geste devient plus lent. Le levier de la pompe se durcit. Un jet de gasoil monte en bouillonnant dans la cuve de verre transparent.

— Ça y est ! C'est amorcé ! s'exclame Miloud.

— Tu peux essayer de lancer le moteur.

Miloud monte dans la cabine. Il allume les bougies de préchauffage. Un coup de démarreur. Rien ne se passe. Un deuxième coup. Le moteur broute, s'élance, secouant toute la carrosserie.

Les moutons se mettent à bêler. Le réservoir du filtre à gasoil se remplit lentement.

Miloud donne des coups d'accélérateur qui font vibrer tout le moteur. Il saute de son siège, applaudit en disant :

— Bravo, Kamiar ! Ton père a bien raison. Tu as un don pour la mécanique.

Aya s'est assise. L'aspirine et la quinine doivent commencer à faire de l'effet. Je m'essuie les mains et lui donne la *guerba*.

— On va repartir !

— On va passer la frontière ? me demande-t-elle.

— Je crois que oui, avant ce soir...

J'aide Miloud à démonter en vitesse la toile de tente. Le moteur ronronne. Il tourne comme une horloge.

17

Vers la Côte-d'Ivoire

Nous roulons depuis quatre heures. L'état d'Aya s'est un peu amélioré. La fièvre a baissé. Mais elle souffre encore un peu des articulations.

Je lui raconte des histoires du village. Je lui parle de grand-mère, de mes copains, de l'oasis. Des sensations me reviennent. Des émotions aussi. De bons moments auprès de grand-mère, le froid de l'hiver. L'appel du muezzin. Tout cela semble appartenir à un passé lointain.

À son tour, Aya fouille sa mémoire. Elle cherche sa mère, ses sœurs, son quartier, les odeurs de sa ville, sa maison. Le jour maudit où l'on est venu la prendre.

Nous sommes dans la cabine, avec Miloud. Le soleil est relativement bas à l'ouest. Je demande :

— On devrait bientôt passer la frontière ?

— Non. Passer la frontière avec vous deux, je me suis dit que c'était trop risqué ! Alors je l'ai contournée par l'ouest.

— On est donc au Mali ?

— Hé oui ! Mais ça ne veut pas dire qu'on est tirés d'affaire, tu sais. Il y a des brigades volantes qui sillonnent le désert. S'ils nous arrêtent, je ne pourrai rien faire pour vous.

Une gerboise surgit devant le camion. Par petits bonds, elle se dirige vers son terrier.

— Pour l'instant, nous allons continuer à rouler en dehors des pistes jusqu'au douar de Aïssa et Habib, à l'oasis de Kermet.

— Tu crois qu'on pourra traverser tout le pays sans se faire arrêter ?

— Ce n'est pas impossible. Du moins jusqu'à Bamako. Là-bas, les contrôles de police sont renforcés ! Et nous serons forcément arrêtés par la gendarmerie avant de passer la frontière ivoirienne.

— Et s'ils nous découvrent ?

Miloud me regarde en souriant.

— Je pense qu'avec eux, on devrait pouvoir s'arranger...

Le soir arrive. Tout en conduisant, Miloud nous explique les pièges du désert. Le Sahara... Combien de chauffeurs imprudents sont morts de l'avoir sous-estimé ! Il nous raconte la vie des nomades...

— Certains d'entre eux s'égarent également. Mais ils savent où se trouvent tous les puits. Ils peuvent tenir ainsi plusieurs jours en solitaire, marchant jusqu'à rencontrer d'autres nomades, ou croiser une piste.

— Comment font-ils pour se repérer ?

— Ils se déplacent la nuit. Ils lisent la carte des étoiles. Tiens, là où toi tu ne vois que du sable et des rochers, eh bien les *khâbirs* distinguent le sable et la terre selon leur couleur, leur teinte, la forme de leurs grains, les rares plantes qui y poussent ! Grâce à cela, ils savent exactement où ils se trouvent, et dans quelle direction ils doivent aller.

Pour moi, Miloud aussi est un *khâbir.* Il sait que la gendarmerie ne s'aventurera jamais là où lui ose passer. Il reconnaît de loin les plaques de *fech-fech* où s'enfoncent les roues, les étendues de sable mou. S'il le fallait, il saurait comment dénicher des animaux pour se nourrir.

Il me parle des mirages, qui font apparaître au-dessus des dunes des villes entières, des oasis ou des caravanes de camions. Il me parle des pistes invisibles à ceux qui ne connaissent pas le désert.

Il fait chaud. La sueur coule sur ses tempes. Parfois, il retire ses lunettes. Il se passe une serviette sur le visage. La luminosité est insupportable. Il plisse les paupières. Il avale une gorgée d'eau dans sa *guerba* en peau de chèvre. Le volant tremble dans sa main. La chaleur du moteur remonte en bouffées sous nos pieds.

Aya est encore faible. Elle s'est recroquevillée contre la portière. Elle parle à peine. Elle n'a rien pu manger depuis notre départ. La tête près de l'embrasure de la vitre, elle cherche un peu de fraîcheur dans les courants d'air. Mais le vent lui-même est brûlant. Il assèche la peau, fendille les lèvres, brûle les yeux et les narines.

Régulièrement, je lui donne la *guerba*. Elle boit un peu d'eau tiède. Son visage s'apaise. Ses traits se détendent.

— Kamiar... Tu te souviens la première fois que tu m'as pris la main ?

— Oui...

— J'ai eu tellement peur, ce jour-là. Je suis restée longtemps sans comprendre.

— Je t'aimais déjà.

Ses doigts se mettent à trembler.

— Les femmes du douar vont prendre soin de toi, Aya ! lui fait remarquer Miloud. Elles connaissent d'excellents remèdes contre la malaria.

Le soleil est bas sur l'horizon. L'ombre du camion s'étend à l'infini. Le sable aux teintes chaudes flamboie sous les rayons rasants.

La nuit survient comme une vague gigantesque, avec son voile d'étoiles, nous plongeant bientôt dans la pénombre. Miloud se dirige depuis une bonne heure vers un plateau calcaire.

Il lâche le pied de l'accélérateur. Le camion termine sa course près d'un bouquet d'euphorbes, au pied de la falaise.

Je lui demande :

— Tu ne roules pas la nuit ?

— Jamais, Kamiar. C'est trop dangereux. Et puis, on a bien mérité un peu de repos, non ? Regarde ces pierres plates. Elles indiquent la présence d'un puits. On dit que sous le Sahara coulent de véritables fleuves.

— On sera bientôt arrivés à l'oasis de Kermet ?

— Encore deux jours. Deux jours de dunes et de sable. Et c'est ici que le désert est le plus dur.

Il jette un coup d'œil vers l'ouest.

— Et puis le ciel est rouge ce soir. Je crains une tempête de sable.

Les tempêtes de sable. Au village, grand-mère les annonçait longtemps avant leur passage. Le jour venu, le ciel devenait ocre. La mer de sel se mettait à scintiller étrangement. Les oiseaux se taisaient. Les bêtes tiraient sur leur licol. Les chameaux blatéraient, affolés. L'horizon s'obscurcissait soudain, disparaissait, avalé par un nuage brun. Alors, le vent s'engouffrait dans la vallée, et le sable se mettait à chanter.

J'aide Aya à descendre les moutons et les chèvres. Miloud allume sa radiocassette.

— Quand le moteur sera refroidi, tu compléteras

le niveau d'huile. Ensuite, tu m'aideras à faire le plein de gasoil.

Miloud introduit une cassette dans son magnétophone. Aya s'endort, bercée par la voix d'Oum Kalsoum.

Je m'allonge près d'elle.

À la fournaise du jour succède la fraîcheur de la nuit. Miloud s'est assis en tailleur près du feu. Il mange des dattes et des morceaux de pain de sable.

— Regarde les étoiles, Kamiar. Allah a fait le ciel sans nuages, pour qu'elles puissent guider le pèlerin égaré...

Le vent souffle tout le jour dans le désert.
Il se lève avec le soleil,
Il se couche avec le soleil.
Le soir naissent les étoiles, qui portent
les histoires de ceux
qui ont à jamais disparu.

Aya dort comme une souche. Je me penche vers elle. Ma main hésitante effleure la sienne. Je murmure :

— Me voilà près de toi, Aya. J'écoute ta respiration. Depuis notre départ, c'est comme si tu avais cessé de vivre. Comme si ton existence était suspendue au bout d'un fil invisible. Je t'ai peut-être enlevée trop brutalement, arrachée trop vite à ta servitude. As-tu vraiment brisé tes chaînes ? Que deviendras-tu si nous arrivons jusqu'à chez toi ? Miloud dit que ton sort ne sera pas forcément plus enviable. Tu passeras tes journées le dos courbé, à t'occuper des enfants de la famille. Tu iras chercher de l'eau avec ton seau et tes bassines. Tu feras le linge, la couture. Tu prépareras à manger pour tout le monde. Tu laveras la vaisselle. La vie va sûrement revenir, Aya. Quand nous serons à Bouaké. Tout redeviendra comme avant. Avant ce jour maudit où il est venu te chercher... Je te le promets. Tes gestes seront les mêmes que ceux d'hier, mais tu pourras chanter. Tu vivras près des tiens. Mais ce soir, je doute. Je m'en veux. J'ai agi contre la volonté des hommes. En avais-je le droit ?

Je pose ma main dans son cou. Sa peau est douce. Ma tête bourdonne. Mes yeux se ferment. Le sommeil me gagne par bouffées agréables.

Là-bas, je voudrais que ta vie soit sucrée comme les dattes...

n'avons jusqu'à encore ici. » Michel dit que son enfance
sera pas forcément plus enviable. [illegible] pour-
nées le cas échéant, à l'occasion [illegible] de la
famille. Tu me chercheras de l'eau avec ton seau et ton
bâtonnet. Tu tiens le [illegible]. Tu prépareras à
manger pour toute la famille. Tu laveras la vaisselle. La
vie va sûrement recommencer. Quand notre [illegible]
famille. Tout redeviendra comme avant. [illegible]
manche qu'il a eu avec son frère [illegible], je te le promets.
Tes petits seront les miens, [illegible]
pourras chanter [illegible] près de toi. Mais ce qui
[illegible]
[illegible]

[illegible]
[illegible]
[illegible]

[illegible]
dattes.

18

La tempête de sable

Les chèvres et les moutons ont bêlé toute la nuit.

Miloud se lève à l'aube. Il braque ses jumelles vers le sud. Il semble inquiet.

— C'est bien ce que je craignais, Kamiar. Il faut préparer le camion.

Le vent s'est levé, plus fort que les autres jours. Il souffle par bourrasques. La ligne d'horizon se met à danser. Le sirocco pousse vers nous un nuage couleur de brique.

Miloud pose les jumelles sur son siège. Il enroule son chèche autour de la tête. Il le serre très fort.

— Dans moins d'une heure, la tempête sera sur nous. Il faut faire vite ! Aya, rentre les bêtes et referme la bâche. Kamiar, donne-moi la caisse à outils.

À nos pieds, les grains de sable, chassés à l'horizontale par un souffle soudain, s'élèvent au-dessus du sol. Nos voix sont assourdies, couvertes par les sifflements aigus de la tempête qui se fait de plus en plus menaçante.

Les grains microscopiques me cinglent les jambes.

Le mur de sable roux se rapproche au galop d'un cheval. Miloud protège le pare-brise avec un morceau de bâche. Il colle ensuite de petits bouts de sparadrap sur chaque serrure.

— Cette saloperie rentre partout.

L'obscurité nous enveloppe.

Les bêtes sont affolées. Dans la remorque, Aya les attache soigneusement avec leur licol. Elle referme la bâche. Pendant ce temps, j'exécute les ordres de mon oncle. Avec la toile de tente, je protège le moteur. Je bouche l'entrée du filtre à air avec une bourre de chiffon. Malgré toutes ces précautions, je sais que nous ne sommes pas certains de redémarrer. Le sable pénètre tout. Rien n'arrête son œuvre de destruction. Il se faufile à travers les fibres des vêtements, les joints les plus serrés. Il grippe définitivement tous les mécanismes.

Souvent, avec mon père, nous allions dans le désert dépanner des camions dont les moteurs s'étaient emplis de sable. Il fallait alors démonter entièrement les véhicules.

Nous nous sommes réfugiés dans la cabine. Il n'y a plus de ciel. Il n'y a plus de terre. Il n'y a plus que cette voix hurlant autour de nous. La voix des *djennouns*. La voix du désert. Et cette chaleur intolérable qui nous étouffe.

La peur nous serre le ventre. La peur que le pare-brise explose, que les portières soient arrachées, que la bâche ne résiste pas, et que le sable nous ensevelisse définitivement. Que le désert devienne notre tombeau.

Aya me parle.

— Les esprits sont en colère..., répète-t-elle sans cesse.

Son visage est transformé par l'effroi.

Soudain, la tempête redouble de vigueur.

Je n'entends plus la voix d'Aya. La cabine du camion est violemment secouée. Miloud regarde sans cesse sa montre. Le temps semble figé.

La tempête s'arrête aussi vite qu'elle est venue.

Le ciel s'éclaire de nouveau. Miloud ouvre sa portière. Le sable qui s'est glissé dans les interstices retombe sur le sol mouvementé.

La poussière a blanchi les cheveux d'Aya. Ma chemise en est pleine. Le vert et le rouge de la carrosserie ont disparu sous un fin voile ocre-jaune. Des grains de silice sont passés par-dessous la bâche, criblant le pare-brise de minuscules éclats. Les roues sont recouvertes de sable. Le pont arrière également. Je soulève le capot. Le moteur ne semble pas avoir souffert, mais il est ancré dans le sol.

— On n'est pas sortis d'affaire ! s'exclame Miloud.

Mais le plus dur est passé. Maintenant, il faut dégager le véhicule. Quelques heures de travail sous un harassant soleil de plomb.

Nous roulons pendant deux jours. Deux jours sans croiser le moindre véhicule. Aya va beaucoup mieux. Sa crise est passée. Mais elle sait qu'elle reviendra. Et elle le redoute.

Le deuxième soir, nous arrivons en vue de l'oasis de Kermet. Depuis le matin, nous avons quitté la région des dunes, et les mers de sable alternent avec les étendues infinies de rochers.

Les palmiers ondulent sous le vent, imprimant un mouvement régulier à l'oasis tout entière. Miloud accélère. Le moteur donne toute sa puissance.

Les premières tentes apparaissent. Les animaux reviennent du pâturage. Le gardien lève la main dans notre direction. Miloud lui rend son salut.

— Habib est le chef du douar. C'est toi qui lui offriras les animaux, Kamiar. Nous gardons deux moutons.

— Tu ne devais pas tous les lui donner ?

— C'est exact. Mais j'ai changé d'avis. Je pense que nous aurons bientôt besoin de ces deux bêtes !

Miloud s'arrête à l'ombre d'un marabout.

Les enfants se précipitent vers nous. Ils tournent autour d'Aya, lui pincent les jambes, se dressent sur la pointe des pieds pour lui tirer les tresses.

Aya la princesse tourne sur elle-même, entraînant les enfants dans une ronde magique. Elle est belle, tellement belle. Princesse noire, déesse de charbon brûlant. Ses doigts caressent l'air, effleurent ceux des enfants entraînés dans la ronde.

Assise devant une tente, une vieille femme nous sourit. Ses yeux sont blancs, ses yeux sont vides. Ses doigts pétrissent machinalement la pâte à pain.

— Elle est aveugle, fait remarquer Miloud.

La tente de Habib est la plus grande. Elle est telle que me l'a toujours décrite Miloud. Elle est si haute qu'un cavalier pourrait y entrer avec son cheval. Elle s'élève au milieu du douar. J'ai l'étrange impression de revivre d'anciens souvenirs.

Miloud se présente à l'entrée. Une voix d'homme s'élève dans la tente :

— Entre, mon frère !

C'est Habib. Miloud nous fait signe de le rejoindre.

L'intérieur est coupé en deux par une magnifique tenture qui délimite l'emplacement de la cuisine et de la famille, et celui de l'homme et de ses invités.

Habib est assis en tailleur sur un coussin. Il porte une chemise blanche brodée et un sarouel noir. Son chèche, placé en arrière de la tête, lui dégage le front. Ses traits sont tirés, la peau de son visage tannée par le soleil. Entre le pouce et l'index de la main droite, il tient un petit verre de thé à la menthe. Il le pose sur un plateau d'argent, se lève et dit :

— Vous êtes les envoyés d'Allah ! Asseyez-vous !

Une femme apporte trois autres verres et disparaît derrière la tenture. La théière est posée à même un *canoun* où rougeoient des braises. Miloud et Habib s'embrassent, échangent des nouvelles de la famille, des villages. Enfin, Habib se tourne vers nous et demande :

— Qui sont ces deux enfants ?

— C'est Kamiar, mon neveu.

— Qu'il soit le bienvenu ! Dieu protège sa maison... Et la fille ?

— Aya... C'était la servante d'un... d'un de mes clients. Je dois la ramener chez elle.

Habib dévisage Aya. Il l'inspecte de la tête aux pieds, la détaille, l'évalue comme une bête qu'on s'apprête à négocier. La haine monte en moi, bouillante, irrépressible.

— Tu ne veux pas me la laisser ? Elle sera bien nourrie. Ma première femme se chargera de son éducation...

— Non ! lui répond Miloud en hochant la tête. Sa famille l'attend.

— Je t'en donnerai un bon prix ! reprend Habib.

Mon regard se plante dans celui de Miloud. Aya me serre la main. Son visage porte le masque de la terreur.

— Je suis certain qu'elle serait la plus heureuse de tes servantes, Habib. Mais j'ai donné ma parole. Je dois la ramener chez elle.

— *Mach Allah* ! La parole d'un homme ne se reprend pas !

Nous restons deux jours à l'oasis. Deux jours de bonheur. Pendant qu'Aya reprend des forces, j'aide mon oncle à remettre en état le camion. Celui-ci a beaucoup souffert après l'épreuve du désert. Le soir, des fêtes sont données en notre honneur. Les hommes et les femmes dansent, nous entraînant dans des rondes endiablées. Aya resplendit de cette santé et de cette liberté retrouvées.

Puis nous reprenons la route. Miloud doit respecter des délais de livraison pour sa marchandise.

Je jette un coup d'œil dans le rétroviseur. L'oasis n'est déjà plus qu'une minuscule barque perdue dans une mer de sable. Le ronflement régulier du moteur m'assoupit. Je m'endors sur l'épaule d'Aya.

Le lendemain, la piste devient une route goudronnée d'où nous ne pouvons pas nous écarter. Des bornes jalonnent cette ligne droite tracée dans la nudité de sable et de pierre. Parfois, la carcasse calcinée d'un véhicule nous rappelle les dangers du désert.

Quand la somnolence gagne notre chauffeur, nous nous arrêtons pour faire le thé.

19

La gendarmerie

Nous allons bientôt passer la frontière malienne pour entrer en Côte-d'Ivoire.

Soudain, Miloud freine. À trois cents mètres, un barrage. Une barrière blanche et des roues de camion balisent la route. Dans la brousse, en retrait, une case dans laquelle deux hommes en uniforme jouent aux cartes en buvant de la bière.

Miloud ralentit.

— Les gendarmes. Surtout, ne dites rien !

Il arrête le moteur et descend du véhicule.

Il fait une chaleur suffocante. L'un des deux hommes se lève. Il est petit, la peau très noire, vêtu d'un treillis de combat, mitraillette au poing.

Il se dirige vers Miloud. Salut militaire. Il porte sur le visage des scarifications, marques de son ethnie.

— *Salam !* Contrôle de gendarmerie.

Miloud tend la sacoche. L'homme en extrait les documents du véhicule, puis le passeport. Il le feuillette, sans remarquer qu'il n'a pas été tamponné à la frontière.

— Tout est en règle. Que transportes-tu ?

— Des dattes, des tissus...

— Pas d'armes ?

Miloud lui fait signe que non. Je sais qu'il a l'habitude de ce genre de question. Les pays africains vivent dans la hantise du coup d'État.

Le gendarme jette un coup d'œil dans la cabine.

— Et eux ?

— C'est mon neveu, et une amie de la famille. C'est la première fois que je les emmène...

— Passeports !

— Leurs passeports ont disparu. Volés... ou perdus.

Le gendarme hésite. Son regard croise le mien, puis celui d'Aya.

Aya baisse les yeux. J'ai froid dans le dos. Il relève la visière de sa casquette brune, se gratte le front et fait demi-tour. Il se dirige vers la case. Miloud nous fait signe que tout va bien se passer. Je ne suis pas rassuré. Aya me prend la main.

Pendant trois longues minutes, les deux gendarmes

discutent. Ils nous montrent parfois du doigt. L'autre, très gros, semble être le chef. Il est assis sur un large fauteuil en osier raccommodé avec du fil de fer.

Le gendarme revient, l'air décidé.

— La fille reste avec nous ! lance-t-il.

Mon cœur bondit. Aya se rapproche de moi.

Miloud hoche la tête.

— Ce n'est pas possible ! C'est une amie de la famille..., répète-t-il très calmement.

— Elle et le garçon n'ont pas de passeports, pas d'autorisations pour passer la frontière. Même si je te laisse passer, tu n'iras pas très loin !

— Tu peux me tamponner un laissez-passer...

Le gendarme lève les mains au ciel en ricanant. Il lâche :

— Un laissez-passer ! Je n'ai rien à y gagner...

Miloud sort son paquet de cigarettes. Il en offre une au gendarme.

— On peut discuter ?

L'homme caresse entre ses doigts un gri-gri accroché à son ceinturon. Il semble hésiter, puis marmonne :

— On peut toujours discuter...

Ces gendarmes n'ont sûrement pas été payés depuis plusieurs mois, Miloud le sait. Et avec leur salaire de misère, ils sont prêts à accepter n'importe quel cadeau pour faire de faux papiers.

— En échange d'un certificat, je t'assure que j'ai de quoi vous satisfaire... toi, et ton collègue !

Miloud entraîne le gendarme à l'arrière du véhicule. Il ouvre la bâche. Les moutons bêlent. Il les fait descendre et les emmène vers la case. L'autre gendarme inspecte les bêtes. Le marché semble lui convenir. Il ouvre un cahier de formulaires spéciaux et recopie avec soin les termes d'usage. Il détache deux liasses de feuilles prédécoupées. L'une pour Aya, l'autre pour moi. Quatre coups de tampon énergiques scellent notre liberté.

La main du gendarme claque dans celle de Miloud. Je me laisse tomber dans le fond du fauteuil. Mon dos ruisselle mais je ne sens plus la chaleur. Aya sourit. Elle est sauvée. Nous sommes sauvés. Ma main glisse dans la sienne.

Deux moutons en échange de deux laissez-passer.

Aya, quand auras-tu fini de payer ta liberté ?

Nous nous arrêtons à Korhogo, chez les Sénoufo, les hommes-panthères. Partout, la terre est rouge, sèche. À la sortie de la ville, un totem de forme humaine, le visage tourné vers les nuages, semble implorer le ciel.

Dans moins de quatre heures, nous arriverons à Bouaké.

20

Cabane de misère

Le paysage a beaucoup changé depuis notre entrée en Côte-d'Ivoire. Une large route goudronnée traverse maintenant la savane. Nous croisons souvent de petits villages faits de cases rondes en terre séchée. Les femmes marchent sur l'asphalte, avec des fagots ou une bassine pleine d'eau sur la tête.

Les baobabs parsèment la brousse. Des nuées d'oiseaux blancs se reposent sur leurs branches. Le linge sèche au bord de la route, en chapelets multicolores. J'ai l'impression qu'ici la vie doit être aussi douce qu'à Midelt.

Aya ne dit rien, les yeux rivés sur ce paysage plein de vie et de couleurs. Au cœur des brûlis, des champs d'igname, de maïs et d'arachide se blottissent entre des bouquets de cotonniers aux fleurs orange.

Les contrôles de gendarmerie, de douane et de police sont fréquents. Nos papiers sont en règle mais chaque fois, Miloud doit offrir un sac de dattes et quelques billets pour pouvoir continuer sa route.

Aya suit du regard ces femmes noires qui parcourent la savane, pieds nus, les reins cambrés, avec leur charge sur la tête, un nouveau-né blotti dans le dos.

Nous roulons à vive allure. Quand nous traversons les villages, Miloud ralentit. Les aboiements des chiens errants et le chant des coqs s'élèvent dans la poussière rouge du ciel. Les enfants nous accompagnent en courant et en criant.

À une vingtaine de kilomètres au nord de Bouaké, une colonne de fourmis traverse la route. Elles doivent être des millions. Miloud explique :

— On les appelle les manians !

Le visage d'Aya s'illumine, il semble baigné d'un bonheur paisible. Elle se redresse sur le siège et regarde la colonne qui serpente dans la savane.

— Je... je me souviens..., murmure-t-elle. Ma grand-mère me parlait de ces fourmis-là. Elles sont voraces, n'est-ce pas ? Elle disait que les sorciers pouvaient les diriger où bon leur semblait pour dévaster des villages ennemis !

Je souris...

— Les hommes ne peuvent pas diriger des fourmis !

— Ma grand-mère le disait...

Aya évoque de nouveaux souvenirs. Son pays a commencé à la reprendre doucement.

— Voraces ! répète Miloud. Hum ! C'est une des plaies de cette région, tu veux dire ! s'exclame-t-il. Elles dévorent tout ce qui se trouve sur leur passage.

Bouaké. La route plonge en pente douce dans le cœur de la ville.

Sur les trottoirs de terre rouge, les marchands palabrent. Ils vendent les cigarettes à l'unité, des sacs en plastique, des clous et tout un bric-à-brac extraordinaire. Un garagiste est en train de souder entre eux des morceaux de carrosserie. Un autre se signale par un panneau : « Hôpital des mobylettes ».

Des cases faites de planches et de tôles s'élèvent tout autour.

— C'est la banlieue de Bouaké ! s'exclame Miloud. Ta mère habite tout près, Aya.

Je lui demande :

— Tu reconnais ?

Elle ne me répond pas. Elle hoche la tête, regard perdu dans le vague. Elle cherche des signes, des repères. Toutes ces cabanes de misère se ressemblent tellement. Et puis... cela fait si longtemps.

— Le quartier a beaucoup évolué ! fait remarquer Miloud. Il y a cinq ans, il n'y avait qu'une dizaine de maisons, maintenant, on en compte des centaines ! La ville attire de plus en plus de monde...

Miloud ralentit. Il tourne vers la droite et s'engage sur une piste assez large. Aya regarde les visages. Les larmes coulent sur ses joues. Je les essuie de la main.

— Ne pleure pas. Nous sommes ensemble et tu es enfin de retour chez toi.

Un sourire se dessine sur son visage.

Des femmes sont assises sur des bassines retournées. Elles vendent des miettes de poisson séché, du piment, des bananes grillées, de la purée d'igname.

Les freins crissent. Miloud montre du doigt une petite maison blanche bâtie au centre d'une cour à laquelle un manguier procure de l'ombre. Bercées par les alizés, les longues feuilles rousses caressent le toit de tôle.

— C'est là !

21

Comme dans un rêve

Aya marche comme dans un rêve.

De jeunes enfants avec pour tout vêtement des slips troués courent autour d'elle, dansent. Elle ne les voit pas. Elle marche, le pas léger, attirée par cette maison que lui a indiquée Miloud.

Elle n'a pas voulu que je la suive. Elle m'a embrassé.

— Attends-moi là !

Elle préfère être seule pour retrouver les siens. Mais mon cœur l'accompagne.

Je la regarde avancer dans la cour clôturée d'une palissade en bois. Sous une fenêtre, une énorme marmite repose sur un foyer essoufflé. Au-dessus de l'entrée, une petite figurine de bois et de chiffon est pendue par le cou. Le génie de la maison, m'explique Miloud.

Aya se dirige vers l'entrée.

À l'intérieur, il y a des cris d'enfants, des rires. Une poule déplumée sort de la maison en caquetant. Aya se retourne. Elle me regarde. Elle serre les poings pour empêcher ses mains de trembler. Elle me sourit. Son sourire embrase son visage. Embrase son corps tout entier.

Elle hésite, puis s'engouffre dans la pénombre de la maison. Un cri de femme l'accueille :

— Aya ! Aya !

— C'est Komélé, murmure Miloud. Sa mère.

Komélé... Je l'aperçois dans l'entrebâillement de la porte. Elle paraît fatiguée. Des rides naissantes lui descendent des tempes jusqu'au cou, comme d'anciennes larmes séchées. Ses cheveux tressés sont tirés sur le dessus de la tête en chignon. Elle enveloppe Aya de ses bras. Elle caresse ses tresses noires, son visage. Elle pleure. Elles pleurent toutes les deux. Les larmes me montent aux yeux.

Miloud démarre.

— Attends, Miloud ! Je veux rester !

Je me penche par la vitre entrouverte. Aya me sourit.

— Ne pars pas, Miloud ! Ne pars pas ! Attends ! Je veux rester !

Tout tourne autour de moi. Aya ! Ce n'est pas possible. Notre histoire ne peut pas s'arrêter là. Pas comme ça ! Non !

Le moteur ronfle. Le camion roule.

Aya ne comprend pas non plus. Elle court sur la route. Ses bras montent au ciel.

Ton visage m'apparaît une dernière fois.

Aya... Ma main se tend vers toi. Vers ton sourire. Notre bonheur est trop fort. Aussi fort que ma peine. Ton visage est gravé dans mes yeux. Dans les larmes que je ne peux retenir. Dans mes mains qui ne pourront plus te serrer contre moi.

— Ta place n'est pas ici, Kamiar...

— Je veux rester ! Tu n'as pas le droit !

Le camion s'engage sur la route. J'ouvre la portière. Miloud me retient d'un geste brusque.

— Tu as voulu la ramener chez elle ? Ça y est ! Maintenant, je vais livrer la marchandise et nous allons retourner ensemble au pays ! C'est ce dont nous étions convenus, non ?

— Je ne peux pas retourner là-bas !

Miloud reste un moment silencieux. Sans doute cherche-t-il des mots pour me convaincre. Dans ma tête, tout se bouscule. Ces derniers jours ont été si prodigieux.

Je ne peux pas croire que je ne reverrai pas Aya. Je voudrais encore lui parler. Encore être près d'elle. Près d'elle. Tout simplement.

Miloud s'engage sur une route plus large. Il double un taxi-brousse chargé à bloc, au moteur essoufflé.

— Tu n'as même pas quinze ans, Kamiar ! Ton père t'attend. Il a besoin de toi. N'as-tu donc plus aucun respect pour lui ? Ta place est à Midelt.

— Je... j'aurais voulu rester près d'elle !

— Rester près d'elle ! C'est impossible...

Miloud klaxonne un taxi qui s'apprête à lui couper la route.

— Vous n'avez rien de commun ! lance-t-il.

— Que veux-tu dire ?

— Vous n'êtes pas du même sang ! Elle ne croit pas au même Dieu que toi ! Vous n'avez pas la même couleur de peau...

— *Nous ne sommes pas du même sang.* Comment ces mots peuvent-ils encore sortir de ta bouche, oncle Miloud ? Toi qui connais le Monde... Tous les hommes n'ont-ils pas le même sang ?

Miloud s'engage dans un sens giratoire. Les pneus crissent sur le goudron.

— Tu l'as sauvée, c'est très bien. Mais maintenant, chacun doit regagner sa place. Toi, dans ta famille. Elle, dans la sienne. Je suis sûr que demain, elle t'aura oublié... Et puis... toi, que ferais-tu, ici ? Avec cette fille ? Le temps passera, Kamiar, et toi aussi tu l'oublieras ! Tu me comprends ?

C'est toi qui ne comprends pas, Miloud. Tes paroles devraient me faire mal. Mais je ne t'écoute même pas.

Je n'écoute plus ta morale, tes mots qui ne parlent pas d'amour.

Serais-tu donc comme les autres ? Toi que j'admirais tant, quand je n'avais que huit ans. Miloud, toi qui me faisais rêver de voyages et de l'Afrique noire...

Nous roulons vers le centre de la ville. Les immeubles de béton gris défilent sous un ciel couvert de nuages. Un gros criquet aux ailes transparentes pénètre dans la cabine par la vitre de Miloud. Il se pose sur ma chemise. Je le saisis délicatement et lui rends sa liberté.

Tu ne décideras pas de mon destin, Miloud. Ni toi ni personne d'autre. Oublier Aya ? Non ! C'est impossible... Elle prend trop de place dans mon cœur.

Aya, je t'aime.

Un jour, je reviendrai.

22

À jamais ancrés dans la mémoire

C'était la saison des pluies.

Des torrents d'eau boueuse débordaient des caniveaux de Bouaké. Il faisait chaud. Au beau milieu de la route, deux enfants poursuivaient une roue de vélo lancée à toute allure. Le vent d'est chassait l'averse à l'horizontale. Les colporteurs s'étaient réfugiés à l'abri des maisons bordant la route, abandonnant leur étalage aux piqûres de la pluie.

La ville n'était qu'un rêve. Un rêve.

Une grand-mère aux cheveux blancs marchait courbée, la main gauche appuyée sur une canne noueuse. Komélé la Noire. Elle traînait derrière elle ses souvenirs, sa vie de misère et d'incompréhension. Elle n'avait jamais reçu l'argent que lui avait promis maître Mokh-

tar. D'ailleurs, ça n'avait plus tellement d'importance. Depuis ce jour où Aya lui était revenue, on ne l'avait jamais revu. Ni lui, ni le vieil Amin.

Amin était mort de sa belle mort. On racontait que Mokhtar avait été jugé et dépossédé de ses biens pour avoir contraint des enfants au travail forcé dans ses ateliers de tissage.

Parfois, elle pensait à ce temps-là, à ses filles qu'elle n'avait pas vues grandir, à celles qui n'étaient jamais revenues, dont elle restait sans nouvelles depuis tant d'années. Tant d'années.

Elle leva la tête et regarda le ciel. Les nuages se dégageaient au-dessus d'elle.

Venant du nord, un camion rouge et vert surgit dans le haut de la côte. Elle sursauta. Il klaxonna. C'était Kamiar. Il ne la reconnut pas. Il avait vieilli lui aussi. C'était un homme mûr. Ses paupières étaient devenues lourdes. Ses mains puissantes, ses épaules larges. Une épaisse moustache noire lui barrait le visage. Il travaillait pour la Compagnie El Zahêm. Il s'était associé avec son oncle Miloud.

Les freins crissèrent. Il regarda à droite, la piste de latérite. Il vit la petite maison blanche. Il crut apercevoir une ombre noire. Elle l'attendait. Il le savait.

Son cœur bondit.

Kamiar descendit de la cabine. Il traversa la petite cour où jouaient des enfants. Aya marcha vers lui, lentement, la poitrine soulevée par son souffle court, par un hoquet de bonheur. Ses lèvres tremblaient. Une larme coula sur sa joue.

Kamiar la serra contre lui, caressant ses cheveux noirs, courts et crépus.

Plus rien ne pourrait désormais les séparer.

Les souvenirs rejaillirent à la surface. Les sentiments aussi.

À jamais ancrés dans la mémoire...

Table

PAPIER À BASE DE
FIBRES CERTIFIÉES

Le Livre de Poche s'engage pour l'environnement en réduisant l'empreinte carbone de ses livres. Celle de cet exemplaire est de :
200 g éq. CO_2
Rendez-vous sur
www.livredepoche-durable.fr

« Pour l'éditeur, le principe est d'utiliser des papiers composés de fibres naturelles, renouvelables, recyclables et fabriquées à partir de bois issus de forêts qui adoptent un système d'aménagement durable. En outre, l'éditeur attend de ses fournisseurs de papier qu'ils s'inscrivent dans une démarche de certification environnementale reconnue. »

Édité par la Librairie Générale Française - LPJ
(58 rue Jean Bleuzen, 92178 Vanves Cedex)

Composition Nord Compo
Achevé d'imprimer en Espagne par CPI
Dépôt légal 1re publication mars 2006
71.5346.1/01 - ISBN : 978-2-01-182507-0
Loi n° 49-956 du 16 juillet 1949 sur les publications destinées à la jeunesse
Dépôt légal : avril 2016

Glossaire

Aji	: Viens !
Blebi	: plat à base de haricots
Bsisa	: sorte de nougat confectionné pour la naissance d'un enfant
Canoun	: barbecue
Chicoter	: expression africaine signifiant taper à coups de bâton
Dar	: maison
Djennouns	: esprits
Fech-fech	: sable durci, en plaques
Fesguia	: citerne
Guerba	: outre
Inch Allah	: « Si Dieu le veut. »
Khâbir	: pasteur
Koheul	: poudre utilisée comme maquillage
Mach Allah	: « Dieu l'a voulu ainsi. »
Marfusa	: galette
Meddeb	: guérisseur et maître d'école
Salam	: Bonjour
Yâ sidi	: Oui, Maître